お金が増える不思議なお金の話

お金が増える不思議なお金の話

ケチらないで暮らすと、なぜか豊かになる20のこと

佐藤治彦

方丈社

はじめに

まずは、この本を開いていただいてありがとうございます。

僕は小学校に上がる半年くらい前から、大阪府堺市の新金岡団地というところで小学校2年生まで暮らしました。1960年代後半のころです。

ちょうどお金ということを意識できるようになり、自分で買い物もするようになったころでした。団地の真ん中には小さな商店街があり、家から近いのでたいていそこで買い物をしていました。

僕の楽しみは、そこでタコ焼きを買ってもらうことでした。おばさんが、タコ焼きを店の前の屋台で焼きます。アーケードがあるので、雨の日も店の前です。おばさんは、タコ焼きを焼くあのへこんだ穴が山ほどある鉄板に手際よく油引きで油を引く。タコをひとつずつ入れて、しばらくすると、小麦粉を溶かした液体を流し込む。それから、桜えびや揚げ玉などの具材を入れる。

しばらくすると千枚通し、つまり、あの短いキリでひっくり返す。すると、ジューっという音が鉄板から聞こえます。一度ひっくり返しただけではその形はいびつなのですが、キリで手際よく何回もひっくり返しているうちに、まあるくなっていきます。

焼き上がると、薄い木製の舟型のトレイに乗せて、刷毛でソースを塗って、青のりをかけてくれます。それが面白くて、毎日のようにずーっと見てました。

小学1年になると、親から10円玉をもらって、ひとりで買いに行くようになりました。

商店街には、目と鼻の先で2軒のタコ焼きを売ってるおばさんの店がありました。ひとつは3個10円で、もうひとつの店は4個10円で売ってました。もちろん4個10円の店ばかりで買いました。

ところが、あるとき4個10円のお店がお休みで、3個10円の店しかやっていないことがあったのです。僕はしかたなく、3個10円の店でしぶしぶ買いました。そして、いつものように冷めないうちに近くのベンチで座って食べた。やけどをしないように、ふーふー息を吹きかけて口にほうばった。そして、びっくりしたのです。

「おいしい。いつものおばさんのより……おいしい」

まず、タコの大きさが違った。タコ焼き自体もずっしりしてた。大きさは同じなのですが、いつものおばさんのタコ焼きよりも中身の空洞部分が少なかったのです。

幼い僕は、なんですべての人が4個10円のタコ焼き屋のおばさんのタコ焼きを買わないのか、とても不思議だったのです。その疑問が、なんとなくわかった。しかし一方で、やっぱり4個あるってのはいいなとも思った。それからは、毎回どちらで買うか少し考えて買うようになりました。


いま、タコ焼きは8つで500円以上の時代です。先日、チェーン店「銀ダコ」の創業祭のときに10年ぶりくらいに買ってみました。割引なので、行列もできていました。そのあいだ、「銀ダコ」のタコ焼きの調理を15分ほど見ていました。「銀ダコ」は、子どものころに見た新金岡団地のおばさんの焼き方とは相当違いました。焼くというより揚げる感じです。

あのころと同じようにフーフーと息を吹きかけてから、ほうばった。とてもおいしかった。

そして、3個10円と4個10円のタコ焼き屋さんのどちらで買おうかと迷った7歳のころの僕を思い出しました。


この本は、普通のサラリーマン家庭に生まれた僕の経験を中心に書いています。

お金に翻弄されながら生きて思ったことです。いまではこんな考え方はしないと思うことも、かつてのことを思い出しながら書きました。また、一部は人から聞いた話も含まれます。そんな感じのものなのでフィクションと思って読んでいただければと思います。

私たちの毎日は、お金と切っても切り離せません。湯水のようにお金がある人はわずかです。だから、誰もがお金については真面目に本音で考えるものです。そこに、それぞれの人柄や人生観が現われる。とくに僕のそれは、他人から見ると多くがコメディ、喜劇の類いかもしれません。

負け惜しみのように聞こえるかもしれませんが、でもですね、お金が山ほどあっても、いや、お金がありすぎるので不幸な人もいると思います。それも、やっぱり喜劇のように思えます。僕を含めて多くの人が、お金であたふたしたくないと思っていますが、実際は相当あたふたしてしまいます。やっぱり喜劇です。

そんな話を読んでいただいて、みなさんがお金と生き方についての何らかのヒントを見つけてくださったらうれしいです。

いや、この人はなんてバカなの私の役に立たないわ、と思われてしまうかもしれません。それでも微笑みや苦笑……なんでもいいです。笑いとともに読んでいただければ、無上の喜びです。人生はいっぱい笑い、多く楽しんだものが勝ちなのです。この本がその楽しい時間の一部となりますように。

佐藤治彦

お金が増える不思議なお金の話　目次

お金が増える不思議なお金の話

ケチらないで暮らすと、なぜか豊かになる20のこと

01 ボーノ、ボーノ！　イタリア激安旅行に参加すると、サイゼリヤの偉大さに出合う

「佐藤さん、本場のイタリアまで来たのに、料理はたいしておいしくなかったわね」

激安イタリアパック旅行のツアーメイトだった主婦が、旅の終わりに私にそう言った。

「そうじゃないですよ、おいしいイタリア料理を食べに行ってないからですよ。むしろ、おいしくないところばかり選んでいる感じでした」

「そんなことないでしょう。だって、わざわざ日本から来てるのよ。旅行会社が多くのレストランからおいしいところを選んでるはずでしょ」

「6泊8日で13万円でしょう。安すぎますよ、予算の問題があるから料理はしかたないでしょうね」

「予算があってもプロが選んでるのよ、安くておいしいところを選んでくれてるはずよ」

「安くておいしい店は、かたい頑丈な扉の向こうにあります！」

「何言ってんの。おいしくないところばかり選ぶなんてあるわけないでしょう（怒）！」

01 ボーノ、ボーノ！　イタリア激安旅行に参加すると、サイゼリヤの偉大さに出合う

いやいやいや、そんなウソのようなことが本当に起きているのです。

私は自身は救われていた。自由時間に、イタリア好きのおしゃれ雑誌の編集者が教えてくれた、ローマのポポロ広場のそばのトラッタリアに行ったからだ。予約なしの飛び込み、ほぼ満席だったが人のよさそうなトラッタリアの親父は、「相席でよければ」と席を取ってくれた。小さなアンティパスト、もっちもちトローリの特製ピザと、気どらないハウスワインのデカンタで、チップ込み15ユーロ。

安かった、おいしかった。

おいしくて安い店は、もちろんあるのだ。ただしそんな店は、世界中どこに行っても混んでいる。びっくりするような料理ばかりをツアーで食べていたので、これを食って、私は救われたのだ。ほっぺたに人差し指をおっ立てながら言った。

「ボーノ、ボーノ（ウマい、ウマい）！」

店の主人も、私のようなおっさんに言われて気の毒だが、うれしくなって笑顔で店を後にした。

「イタリア8日間13万円」なんていう激安ツアーがあって人気だ。日本から添乗員が同行し、ローマ、フィレンツェ、ベネチア、ミラノなどをめぐる6泊の旅だ。

一般的なのは、ミラノ、ベネチアに1泊ずつ、フィレンツェ、ローマに2泊ずつ泊る。到着日はミラノに宿泊し、翌日、2日目の午前中にミラノの市内観光をし、ベネチアへ移動。また、その翌日の午前中にベネチアのサンマルコ広場あたりの観光をして、フィレンツェに移動といった具合だ。

これには、往復の飛行機代はもちろん、ホテル代、観光バス代、美術館などの入場料、現地のガイド代、それに、食事代も含まれる。食事はイタリア旅行の醍醐味のひとつ。しかも日本人はイタリア料理が大好きだ。フライト時間などにもよるのだが、たいていの8日間6泊のイタリア旅行では、朝昼晩と5回ずつ食事の機会がある。激安旅行でもこの大部分に食事がつく。

もう一度申し上げる。往復の飛行機代、6日間の観光バス代、6泊のホテル代、日本からの添乗員に入場料、現地ガイド代などなど、観光にかかわる諸々の費用に含めて、15食の食事も入っての価格が13万円。旅行会社の利益もこの中に含まれる。で、13万円なのだ。

こういう予算の限られたツアーだから、きっと旅行会社は先に書いた、安くておいしい店に観光客を連れて行ってくれるだろうと思うかもしれない。しかし、ほとんどの場合、そういううれしいことは、起こらない。できないのだ。


それにはきちんとした訳がある。

安くておいしい店はツアー客の予約を取らない。その必要がないからだ。なぜなら、そういう店はいつでも満員、大繁盛。テーブルが空いている時間はない。ツアーの客の予約を取るということは、たとえば35人分のテーブルを予約のために長時間も空けておくことを受け入れることになる。団体が来たときに「席があと3席ないんですよ」などと言えないのだ。「それでもかまわない」といって予約を取ってくれる店は、それだけ流行っていない店なのだ。

流行っていない店とは、たいてい「安くも、おいしくもない店」だ。さらに、激安ツアーの1人あたりの予算は限られている。私の参加した激安ツアーは、「前菜、メイン、デザートでランチは1000円、夜は1500円の予算」だと、添乗員さんは教えてくれた。安くなく、おいしくもない店な上に、予算もない。もうほとんど「うまいイタリアン」にありつく可能性はゼロだ。

そして、とどめの一撃が、ツアーでは「全員分の料理を、ほぼ同時に出す接客が求められる」ということだ。

安くもおいしくもない店が、35人分以上の料理を一度に出さなくてはならない。それは、ピザやパスタも作りおきをしておくことを意味する。もともとおいしくない店が低予算で作りおき。そりゃあ、うまいものが出てくるわけがない。

冷めたマルゲリータピザには、バジルが1枚だけ乗っていた。トマトソースのパスタは、ミートソースでもボロネーゼでもないシンプルなトマトソースのスパゲティ。「アルデンテという言葉を知ってる？」と聞きたくなるような代物。きっと、このレストランの従業員は店の料理を食べないだろう。こうした料理ばかりが激安団体旅行では出てくるのだ。

忘れられないのが、ミラノの郊外にあるコモ湖のレストランだ。最後に出てきたジェラートはスープのごとく完全に溶けていた。あたりまえだ。アイスクリームを器に入れて、20分も30分も調理場に置いておけば、溶けるに決まってる。

01 ボーノ、ボーノ！　イタリア激安旅行に参加すると、サイゼリヤの偉大さに出合う

ツアー客の多くは、アイスクリームをスプーンですすっていた。うまいイタリアンにありつけているかどうかは、食べている人の顔を見ればわかる。ああ、哀しい。

本来はアンティパストなど、冷えてもおいしいものや煮物系料理が大人数の団体客向けなのだが、激安ツアーの予算では、どうしても冷めたらまずい炭水化物系のメニューになりがちだ。

激安ツアーで、ときに夕食が1、2回ついていないことがある。実はこのときだけが、激安ツアーでおいしい、まともなイタリアンにありつくチャンスなのだが、ツアーを安さだけで選ぶ人は、できるだけお金を使いたくないのが相場。

さらに、ツアーでイタリア料理をいろいろと食べてみたけれど、たいしておいしくないから食事を抜くとか、日本にもあるファストフードに行く。中には日本から湯沸かし器を持ってきて、わざわざ「赤いきつね」や「緑のたぬき」を食べる人も少なくないのが実情だ。こうして、せっかくのチャンスも棒に振る。私は最初に書いたレストランで救われた。

ボーノ、ボーノ！

激安ツアーで行くイタリアンはおいしくない。おいしい料理は出ない仕組みになってい

る。そのレベルは、わかりやすく申し上げると、少し訓練したアルバイトがマニュアルに従って作る、日本の激安イタリア料理チェーン、「サイゼリヤ」のほうが何十倍もおいしいと申し上げたい。いや、私はあの価格を考えると、世界でいちばんうまいイタリア料理を出しているとも思う。偉大だ。激安イタリアツアーに参加すれば、「サイゼリヤ」がどれだけすごいかわかるはずだ。

Tシャツ100円、スマホ1000円と聞くと「安すぎる。劣悪品だったり、何か裏があるんじゃないの？」と疑うことを知ってる消費者が、なんで「イタリア旅行8日間13万円」の価格はすんなり受け入れるのだろう。

わざわざイタリアまで、まずいイタリア料理を食べに行く。そんな激安団体ツアーが今年も多く販売されている。

02 何を隠そう私は、「こっそり値上げ探偵」である

「おっ、上げたか！」

年に数回であるが、スーパーで商品を手にしたとたん、思わず声を出してしまうことがある。そして、にやりとする。

「見つけたぜぇ〜！」

あまり人に言えたものではないのだけれど、最近の私が秘かにしているのが、「こっそり値上げ」の発見である。まるで探偵のように見つけ出してしまう。

「こっそり値上げ」とは、値上げと感じられないように値上げをする手法である。

この「こっそり値上げ」の探偵を始めたのは、子どものころから食べているヨーグルトの微妙な変化だった。

このヨーグルト、もともとは内容量が500ミリリットル、さらに15グラムの砂糖がついていた。グラニュ糖をくだいて溶けやすくしたスグレモノの砂糖である。

中学生になって、このヨーグルトが急に朝の食卓に出てきて「健康にいいから食べなさい」と言われたのだが、当時の私にはヨーグルトといえば甘ーいお菓子のようなものだった。食感で分けると、ヨーグルトはプリンの仲間だ。それが、いきなりストレートな大人の味。スイーツ感ゼロ。だから、そのスグレモノの砂糖を入れなくては食べられなかった。

このヨーグルトは昭和の時代からのロングセラーで、港区や千代田区の高級スーパーに行くと250円で売られているのだが、地域や地区によって値段は微妙に変わる。158円、バーゲンなら138円というのが、私が住んでいる世田谷区内のスーパーでの一般的な小売り価格である。一時期、198円や178円とされたこともあったが、数か月で158円にまた落ち着いた。

この158円という小売価格は、平成になってからほとんど変わっていない。原料である牛乳も、梱包に関するものも、原価はじわりと上がっているはずだから企業努力も大変なはずだ。本音は値上げをしたいはずなのだ。だからときおり、178円とか198円になったのだ。

商品からメーカー側の悲鳴が聞こえていた。

02 何を隠そう私は、「こっそり値上げ探偵」である

「少しだけでいいんで値上げさせてください（泣）」

しかし、それはかなわなかった。

デフレの時代が続いて、消費者は値上げに敏感だ。ときおり「この4月から食パンが値上げされます」「食用油が値上げされます」と報道される。報道された当初は価格は上がるのだが、すぐにもとの値段に戻るものが多い。

なぜなら、値上げと報道されるものの多くは、メーカーから大手小売店への卸の値段の話だからである。戦後日本に長くあった標準小売価格や定価といったものは原則として廃止され、メーカーが小売り店側に、ある一定の価格で売ることを強いることも違法行為となっている。

だから消費者が手にするときの小売価格のコントロールは、メーカー側にはなかなかできない。希望小売価格があったとしても、それはあくまで「希望」なのだ。だから値上げされたはずなのに、いつのまにか元の価格に戻っていたり、バーゲンセールがより頻繁におこなわれ、実質的な値上げはなかったことになっていく。新しい価格が消費者に跳ね返されてしまうのだ。

価格というものは、消費者に受け入れられてはじめて成立する。たとえば似たようなヨーグルトは何種類も発売されているから、「高い」と思われたら他社のものに乗りかえる消費者も出てくる。値上げを試みて失敗したメーカーは多いから、値上げには慎重だ。だから、「こっそり値上げ」の方法をとる製造業者が出てくるのだ。

幼いころから40年以上も食べ続けているヨーグルト、じつは価格での値上げはできなかったが、この10年あまりで事実上の値上げを3回もしている。それは、控えめにこっそりとおこなわれた。

まずは消費者が砂糖離れをしているということで、先述した砂糖の量を半分にした。15グラムあったスグレモノの砂糖を8グラムにしたのだ。大人になって私はこのヨーグルトにはおいしいジャムを入れて食べるようになったので、砂糖は無用の品物だったのでまるでかまわなかった。

次に、この砂糖自体を封入するのをやめた。最後にパッケージはそのまま、内容量を500グラムから450グラムに減らした。砂糖はパッケージから消えたのですぐに気がついたが、内容量の変化にはすぐには気がつかなかった。

02 何を隠そう私は、「こっそり値上げ探偵」である

いつものように買って、いつものように食べていてある日異変に気がついたのだ。1パックをおおよそ4日で食べていたのだが、4日目にはなぜか量が足りない。目分量で食べているからと思っていたのだが、3日目くらいになると底が見える。毎回だ。だから、4日目には3日目の残りをこそぐようにしてヨーグルト用のティーカップに入れ、新しいパッケージを空け、スプーンでひとこそぎしないと、まにあわなくなっていた。

あるとき。もしやと思ってパッケージを見たら、450グラムに変わっていた。パッケージの大きさは同じで、内容量がこっそり減らされていたのだ。

この「パッケージの大きさは変えずに内容量を減らす手法」は、いろんなところでおこなわれている。たとえば、洗濯用の粉石鹸。かつては1キロ入りがあたりまえだったが、900グラム、850グラムというものが増えてきた。液体の洗剤も同様。1リットルが900ミリリットルや、それ以下とこっそり変わっていく。シャンプー、リンスも同様。

あと納豆。一般的にスーパーなどで売られる白い発泡スチロールに入った納豆を3つ束ねて売られているもの。あれだ。あのパッケージはもともと50グラムの納豆を入れるのに適当な大きさだったが、最近は45グラム、40グラム、中には35グラムというものさえある。洗剤も納豆も、パッケージを開けると中身がスカスカで笑ってしまう。むしろ、ときおり

50グラム入りの納豆に出会うと、パッケージになみなみ入っていて豪快に感じてしまう。

これは、昭和の時代によくあった「あげ底商法」と同じである。環境のことを考えるのであれば、内容量に合わせた小ぶりのパッケージにするべきだが、こっそり値上げをしたい向きにはそんなことはこわくてできないのだろう。

それは冷凍食品業界にも浸透していて、フライものや餃子など大きなパッケージに、思ったほど入っていない梱包の商品が増えた。量に合わせて小さなパッケージにすれば、梱包費用を抑えられる。小口化すれば運送料も下げられるのにと思うのだが、なぜか最近は奇数の餃子が増えた。冷凍餃子が18個入るトレーに17個入りだったりする。思い返すと「前は18個入りだったなあ」と思う商品なのである。端っこの奇妙な空きスペースに餃子のタレを入れたり、そこだけ餃子を入れるくぼみがなかったりと各社の工夫が苦笑である。

みんな大好きな100円ショップなどは、値上げしたくてもできないので、中身を減らしたものオンパレードだ。コーヒーフィルターは100枚入りだったものがだんだんと減って、いまは70枚に、割り箸は50膳が35膳に。陶器の皿は直径が小さくなり、洗濯を干すピンチ付き角ハンガーは洗濯バサミの数が36くらいから24まで減った。使っているプラ

02 何を隠そう私は、「こっそり値上げ探偵」である

スチックもペラペラな薄いものに格下げされた。

また、最近のイチゴのパックの一部は深さが浅くなり、かつては3段入っていたイチゴが2段になっていたりする。潔くて好きだ。

価格は上げずに中身を変える。メーカーの苦肉の策がにじみ出る。でも、その方法もそろそろ限界なのではないだろうか？　いや、そう言われてもう5年以上もたつ。

普通の値上げをすんなり消費者が受け入れるためには、もう少し給料が増えることが求められているのだろう。何といっても、いちばんスカスカなのは消費者の財布なのだから。

これが、こっそり値上げ探偵の見い出した回答である。

追記…2018年4月。大手納豆メーカーが10パーセントの値上げをした。27年ぶりだという。さらに、ご紹介したヨーグルトは400グラムになった。新容量とまで書いてあるのに同じパッケージ。スカスカスカスカである（笑）。

03 無限ループと資本主義

大学時代の長い夏休み。午前8時過ぎには日射しは強くなり、だんだんと暑くなる。僕はまだ寝床にいた。高校時代から聞いているラジオ番組が今週のヒットチャートを発表していた。

自由な時間は卒業と同時にもうすぐ終わる。次に手にするのは定年を迎える60歳なのだ。そう。卒業したら、夏のこの時間にスーツを着て満員電車で会社に通うのかと思うとうんざりした。

夏の満員電車では、冷房などまともに効かない。正確にいうと180センチの身長のある僕の肩から上は電車のエアコンの風が当たるけれども、それ以外の身体は他の人とぴったしくっついているので冷気など来ない、だから暑い。もちろんそれでもクビから上は涼しい自分は恵まれているほうで、文句は言えない。なぜなら、自分より背の低い人は、どこにも冷気はあたらず、額から汗をかいて小さく息をしながら電車で通うからだ。とくに

03 無限ループと資本主義

長い髪の女性は、たいへんそうだった。

車内は冷気よりも、みんなのイライラした空気が充満していた。

車内での快適な過ごし方は、端っこである。つり革のある最前列、座席で座わる人と相対するように立てれば、身体半分にも冷気があたる。だから、駅に着いて人の出入りがあるたびに、特等のロケーションに身体をもっていこうと、人の流れを利用してモゴモゴする。でも、それは誰もが考えることで、ときに場所の取り合いにもなる。そして、車内のイライラ指数はさらに上がっていく。

学生時代なら、Tシャツで満員電車に乗ることもできた。それでも夏は相当つらかった。それが、社会に出たらスーツで、あの電車に乗るのだ。

うまくいけばスーツを脱いで網棚に上げることもできるだろう。きっと自分のことだから、スーツを脱ぐことができて多少快適になっただけでガッツポーズをするだろう。

ぼんやりしながら、もう一度同じことを考えた。

社会に出るということは、あの満員電車にスーツで乗ること。電車の中でスーツを脱いでその日の通勤電車を過ごせれば、ガッツポーズ。それを40年くらい繰り返すこと。40回の夏か。50代の夏ってどんな感じなんだろう。

もしも出世できて役員にでもなれれば、黒塗りのハイヤーで送り迎えをしてもらえる年齢かもしれないが、そのためには『白い巨塔』の財前教授のような、さまざまな黒い闘いにも勝たねばならない。学生時代の僕は天井のクロスに織られた細かく規則正しい模様を見ながら、そんなことを考えて気持ちがもう一度うんざりした。

楽しくねー。働かないで金を稼ぐ方法はないものかな。

何考えてんだ。あるわけがない。おれら資本主義に生きてるんだぜ。だから、学生のうちは、とことんだらりと生きてやる。そう思って決意したことは、たいしたことでない。まだ、起きねえ！　もうひと眠りしてやろうと思ったが、気温はどんどん上がり、うっすら汗をかき始めた。さらに夏の邪魔も入った。

「ミーン、ミーンミンミンミンミン」

「ポッポー、ポッポー」

外から聞こえるセミの声や、繰り返されるハトの鳴き声が自分をバカにしているように思えて、石でも投げてやろうかと思ったとき、ふとひらめいた。

あれ、でも、資本主義で遊べるかも。

03 無限ループと資本主義

働かないで金を増やす方法……あるぜ。

大学生になってからというもの、月末近くになると池袋の駅にある、ちょっとよどんだ場所に通っていた。西口の東武百貨店のすぐそばに質屋が何軒か集まっている場所があって、その区画の端っこの古いビルの5階に金券屋があった。

そこに、ロードショーの映画館で新作が見られる株主優待券を買いに行く。なぜ月末なのかというと、有効期限が迫った金券は安くなるからだ。同級生で金持ちの息子は親からそんな株主券を山ほど手にしていたが、自分は金券屋に買いに行かなければ手に入らなかった。数多く映画を見たいから、そうしてやりくりしていた。で、ひらめいたときに、そこに百貨店の商品券も置いてあったのを思い出した。

百貨店の金券もいろんなものが置いてあって、株主割引券、商品お取替券、ギフトカード、商品券といろいろとあった。このうち、もっとも使い勝手がいいのが商品券だった。他はお釣りが出なかったり、買える商品が制限されたりする。

とくに、商品券なら確実にお釣りが出た。さらに、いまはどうか知らないが、当時の西武百貨店の商品券は系列の西友やローソンでも使えたのだ。

金券屋に行くと商品お取替券は額面の94パーセント、商品券は97パーセントで売られていた。デパートで普通に買物をするのなら、割引率の高い商品お取替券を買って使うのがかしこい。ところが、家の近くのスーパーやコンビニで使えるのは商品券だけだ。

銀行預金から降ろした10万円で、1万円の商品券を、9700円で10枚買った。9万7000円である。他に松竹の映画の券も買って『男はつらいよ』の渥美清の寅さんを見て帰った。映画の中の寅さんはテキ屋なので、働いているのか遊んでいるのかわからない感じだが、大学に行った自分がテキ屋になるわけにはいかない。

金券屋の帰りに親から頼まれた、卵、豆腐、納豆、ヨーグルトをスーパーで買って帰る。買い物かごに入れながら、合計金額が500円に満たない買い物である。「何か買うものある？」と自らお使いを買って出て、母親から頼まれたものだ。

480円、ここで僕は商品券で買い物をする。金券屋で手に入れた1万円の商品券を出し、9520円のお釣りをもらい、親からは商品金額の480円を受け取る。合計1万円、こうして300円の利益が僕の手もとに残る算段だ。

その日はレジに並ぶ列は短く、ひらめいたことを実行に移した。働かずにもっと儲ける方法だ。

まとめて会計するのをやめたのだ。ひとつずつ会計するほうが得だとひらめいた。たとえば卵だけ120円で会計をする。お釣りは9880円。次は豆腐だけで60円で9940円のお釣り。1万円の商品券を使うたびに300円の利益が手もとに残るのである。4回の会計で1万円の商品券を4枚使えば、1200円の利益が出せることになる。

こうして僕はレジと売場をグルグルとループした。1ループ、300円。ループのたびに、レジのおばさんに「いらっしゃいませ、120円でございます。お釣りはお札から勘定しますね」と言われ一緒にカウントし、レシートをもらう。「また、お越しください」とマニュアル通りの対応をされた。そのあいだ、ずーっと下を向いていた。何より、またお越しくださいってのが恥ずかしかった。2分もしないあいだに次のループ、納豆を持ってレジに戻ってくるからだ。

あっというまに10枚の1万円の商品券はなくなり、僕の手には10万円が戻ってきた。つまり、9万7000円を10万円にしたのである。この行為を、つまりループでし続ければ、働かずにして金がどんどん入る。金券の無限ループで資本主義から逃げ出せるのだ。理論上は。

あるとき、母親から新聞に折り込まれたスーパーの特価チラシにマジックでマルで囲まれたものをもらった。商品券とチラシを手にスーパーに行ってみると、週末の特価日だけあって長蛇の列である。5分ほどは待たないと順番が来ない。それでも、その日は全部で10点ほどあったので10ループで一気に3000円増やした。「豆腐は2丁」と書かれていたのだが、ひとつずつレジで会計した。初めは時間がかかって効率が悪いなあと思っていたが、すぐにレジに戻らなくてよくなったので、恥ずかしさはむしろ減った。

帰りにコンビニで50円の「ガリガリ君」を1万円の商品券で買った。9950円のお釣りである。つまり、250円得して「ガリガリ君」を無料で食べたのである。10回のループに1時間もかかってしまった。無限ループは楽でなかった。働かずにしてお金を増やす錬金術を見つけ出したが、何か資本主義に勝ったような感じはしなかった。しかし、続けた。なにしろ金が増えるのだ。

月末だけでなく、池袋に行くたびに金券屋に寄り、1万円の商品券を購入した。ところが、しばらくすると金券屋に行っても1万円の商品券がないことが増えてきた。それじゃあ、ループできない。資本主義との争いの危機だった。

若い学生がしょっちゅう来るので、金券屋のおやじさんにすっかり顔を覚えられていた。同じ会社の商品券でも1万円のそれしか買わなかった。「5000円の商品券じゃダ

03 無限ループと資本主義

メなの？」と聞かれたけれど、「1万円のがいいんですよ」と答えた。5000円の商品券は97パーセントで4850円。1回のループで150円しか利益が出ないからである。

おやじさんは「このごろ1万円の商品券は、入荷するとすぐになくなるんだよね」と言った。僕は誰かはわからないが、自分と同じ錬金術を見つけ出したライバルがいるのだと合点した。そいつもループしてるのだろうか？

見つけ出した錬金術を半年くらいは繰り返していたのだが、終わりのときはあっというまにやって来た。人気のためか1万円の商品券の販売価格が97パーセントでなく98パーセント、9800円となってしまった。1ループ300円が200円になったのだ。一気に30パーセント以上利益が減って、僕のやる気も一気にしぼんだ。こうして、無限ループはあっけなく切れた。

そういえば、やめた理由がもうひとつある。いい時給のバイトが見つかったのだ。バイト代をもらうのはちっとも恥ずかしくなかった。やっぱり、働いて収入を得るのがいちばんだった。

資本主義はすげえと思った。

18日はダメよ

04

天ぷらは私の大好物のひとつだ。門前仲町にあるアールデコなたたずまいの「みかわ是山居」では天才職人、早乙女哲哉氏の究極の技術とこだわりの天ぷらをいただける。早乙女さんは、まるで求道師のようだ。あなごの中はほくほく、外はからっと揚がり、独特の臭みのない見事な仕上がり、えびは生ではないが、ほんの少しその残像が残っている絶妙な加減。だから、甘さが広がる。あのウニの天ぷらは他にどこで食べられると言うのだ。

何回か出かけたが、ビールを注文し2万円でお釣りが来たのには驚いた。いろんな天ぷら屋さんに出かけたが、ここが僕の知ってる頂点だ。もちろん、この店は普段使いの店ではない。特別なときに行く。予約は簡単に入らないし、家からも遠い。天ぷらの極み、ここにありという感じだ。

もうひとつ、極みの天ぷらがある。

04 18日はダメよ

おなじみの天丼チェーンの「天丼てんや」だ。もちろん、早川さんの作るものとはまったく違うものではある。しかし、ここには日本の技術のひとつの極みがある。天ぷらは、食材と油の温度、揚がり具合を職人がつきっきりで見なくてはできない代物だ。しかし、ここでは、天ぷらはベルトコンベアの技術を用いて調理されていく。調理人は衣をつけてオートフライヤーに置くと、あとは自動で揚がるのだ。

なんでも、海老がおいしくできるように調整されていて、それに合わせて他の食材の大きさなどを調整しているという。だから、とびっきりではなくても、どの店も同レベルの普通においしい天ぷらが食べられるのだ。

海老、いか、白身魚、かぼちゃ、いんげんの天丼が1人前500円（税込み）で店内ではみそ汁まで付く。格安だ。

ところが、これでは終わらない。毎月18日だけは、「てんやの日」といって、「サンキュー天丼」が発売になる。その価格、なんとサンキューで390円。確認しておくが、税込みで390円である。中身は、通常の天丼とは少し違う。最近は、海老、いか、おくら、かぼちゃ、いんげんという組合せが多い。みそ汁は付く。つまり、白身魚が消え、おくらになるのであるが、何といっても税込み390円、やっぱり、びっくり価格である。

もう多くの人がこの「てんやの日」を知っていて18日は、どこの「てんや」も大にぎわいになる。ということで、私も毎月18日には「てんや」に行くことに決めている。そのリズムを崩したくない。じゃまされたくない。

あと、「サンキュー天丼」について、もうひとつ付け加えると、私の課題のひとつに糖質制限があるため、ごはんはいつも小盛りである。すると、390円の「サンキュー天丼」は50円引きとなり、340円となってしまう。340円とは、米ドルなら3ドル、欧州統一通貨なら2・5ユーロだ。アメリカでもヨーロッパでもどこでもいい、こんなまともな食事を、座わってこの価格で食べられるところがあるだろうか？　いや、あるわけがない。ありえないのである。

日本でも、こんなまともな天丼をこの価格では食べられなかった。可能にしたのは、誰でも十分おいしい天ぷらをつくることのできるオートフライヤーの技術開発だ。

大絶賛したい。すごいよ、すごい。毎月、この日本の工夫と技術のすごさに感心し、レジでたった340円の代金を払って帰ろうとすると、「お待ちください」と呼び止められ

04 18日はダメよ

る。なんと僕に割引券を渡すためだ。来月18日の前日までに使える100円割引クーポンだ。340円でも安いのに、さらに100円引きのクーポンをもらう。私は結局天丼をいくらで食べたことになるのか？　教えてほしい。みそ汁付きなのに。

このクーポンを使って、有効期間内に、今度は普通の天丼を小盛りにして、さらに100円引いてもらって、350円で食べる。こうして18日に始まる月に2回の天丼天国を味わっている。

だから、18日に飲みの誘いが来ると、ちと考える。「サンキュー天丼小盛り」をランチにし、危機を回避したりする。18日に地方の出張などが入ると、出かける場所に「てんや」がないか徹底的に調べる。18日に歌舞伎座で芝居見物をし「てんや銀座店」まで幕間の時間に走ったこともある。すると、僕の歌舞伎見物のもうひとつのお楽しみ、歌舞伎そばを食べ損なうことになる。でも、しかたない。

あきらめることもある。18日にテレビ収録などがあると、帰りに楽屋弁当をくれる。テレビ局でゲスト出演者に出す弁当なので、たいていうまい。それなのに帰りのタクシーの中で、弁当があるのだから今月は「サンキュー天丼」パスと決めるとちょっとがっかりする。むしろ運が悪いと思ってしまう。合理的でないことはわかっているのだが、そう思ってしまうのだからしかたない。

海外に出かけていたりすると、ああ、きょうは18日、日本は「てんやの日」だ。「天丼食いてぇなあ340円で」と思ってしまう。


もちろん「てんや」の天丼も、店で揚げたてのものを食べるのが圧倒的においしい。ところが、その18日に「てんや」の店先で10分くらい悩むことがある。それは、18日と水曜日が重なるゴールデンクロス「てんやの日」である。なぜなら「てんや」には持ち帰り客向けスタンプカードがあり、300円ごとにスタンプをひとつ押してくれる。

これが15個で500円の値引き券となる。500割る15でだいたい33円。つまり、スタンプひとつ33円の価値だ。そして、水曜日は「スタンプ2倍デー」となっている。この2倍に心が動いてしまう。つまり、小盛り天丼を持ち帰りすると、340円で天丼弁当に66円分のスタンプと100円の割引券がもらえるのだ。

春の風が気持ちいいときに、悩んだ末に弁当にして、近くの公園のベンチに行き、もらったふたつのスタンプと割引券を見ながら「オレはいったいいくらでこの天丼を食ってるのか」と、またまた計算しながらぺろりと食べた。

04 18日はダメよ

でも、最近になってゴールデンクロス「てんやの日」のいい解決方法を思いついた。それは、天丼を差し入れにすることだ。天丼の差し入れは、みんなおおいに喜ぶ。また、差し入れ先の人はたいてい糖質制限を必要としていないので、普通の390円の「サンキュー天丼弁当」を買う。で、この前、3つ差し入れしようと注文する寸前に気がついた。

支払いが1170円なのである。このままだと、スタンプ6つである。あと30円注文すれば、1200円超えでスタンプ8つになる。そこで、70円のなすの天ぷらをひとつだけ追加注文して、3つのうちのひとつに乗せてもらった。差し入れするときに「ひとつだけ当たりがあります」と言った。なんでそんなことをしたのかは、きっとわからなかっただろう。

その日は、僕は天丼を食べなかった。なぜなら、3つ天丼を買ったので100円割引券を3枚ももらったからだ。割引券までは差し入れしないので、僕のものになる。それで毎週天丼を食べに行った。しかし、毎週だとさすがにありがたさもなくなってしまうことに気がついたので、山ほど割引券をもらったら、別の差し入れの機会に一挙に使うことにした。やっぱりものには、ほどってのが大切だ。

この100円割引券、ときには50円割引券になったり、いかの天ぷらサービス券に化けたりして、何かたいそうがっかりした。損をしたように思ったのだ。十分に安いのだが、期待値が高いからそう思ってしまう。やっぱり、「てんやの日」は何か僕の財布感覚を狂わせる日なのだ。

きっと、世の中の天丼好きの人もそう思ってる。18日といえば25日の給料日まであと1週間。そんな微妙なときに390円でうまいものが食べられるのだ。そんな「てんやの日」が10月だけは月2回ある。18日だけでなく、10月8日も「てんやの日」なのである。2017年10月は月に2回あるだけでなく、おそろしいことに18日は「てんやの日」と水曜日が重なるゴールデンクロス「てんやの日」だった。ああ、「てんや」。「てんやの日」よ、永遠に！

やっぱりどこか僕を狂わせる「てんやの日」なのでありました。

追記…悲報。2018年1月。「天丼てんや」は創業以来初の値上げをした。「てんやの日」のサンキュー天丼は2月18日が最後となった。最後のサンキュー天丼の日。どこもかしこも大行列だった。僕は、「いままでありがとう。さようなら」と最敬礼した。

05 月末途中下車の旅

まずは、クイズです。

２１６が5回あったあとに6回目には１１６となり、その後、２１６が4回続いたあとに、再び１１６となる。そして、また２１６が4回続いたあとには56になるものは、何でしょう。

答えは東京23区の民間バス（都営バス、京王バス、および一部の路線をのぞく）をＰＡＳＭＯなどのＩＣカードで乗車したときのバス運賃です。

もう50年以上バスに乗ってきた。そして、バスが好きだ。家から歩いて10分と少しの三軒茶屋駅から渋谷まで田園都市線に乗ると5分で着く。そして、運賃も１６０円だ。いや、正確には１５４円だ。ＩＣカードで乗車するので。

ところが、僕は２２０円（ＩＣカードで２１６円）のバスを選ぶ。よほど、急いでいるときは別としても、週末以外は家を早めに出てバスで行く。電車のあの混み具合が、どうも好きでない。家のそばにあるバス停から渋谷までは20分。のんびり腰かけて外出する。とくに帰宅時にはほとんどがバスだ。

品川から新幹線に乗るときなどは、目黒までバスで行き、そこからＪＲ山手線を使う。できるだけ電車に乗る距離を少なくしたいのだ。目黒まではバスで30分以上もかかるので時間的なロスは大きい。それでも、日ざしのあるときなら移動中に読書もできるので、文庫本をバスに持ち込む。そうでなければ、音楽やラジオを聞く。

電車に乗っていると、微妙に周りに気を使わなくてはならない。混んでいれば、加速時、減速時に重力がかかり人々が動く。他人に身体がぶつかり、ぶつけられる。とくに最近はスマホをしている人が多く、手すりにつかまらないので、動きは大きい。

駅に着けば、車内の奥から無理やり下車しようとする人がいる。そして、乗車してくる人がいる。ときには大きく押される。押されて自分の重心が崩れれば、人を大きく押すことになる。人ごみの中だからと、身体をすべて周りに委ねるわけにはいかないのだ。とくに、身体が大きく中年の自分は他の人にできるだけ不快にしないように気を使わなくてはならない。こうして、電車に乗車しているあいだは、つねにちょっとした緊張が続く。

バスは違う。たいてい空いている。そして1人がけシートに座ってしまえば、周りにとくに気を使うことなく移動時間を自分のために使える。本や音楽だけでなく、ときにはいろんなことを考えたりもする。思いついたアイデアをメモに取ることもある。バスが信号待ちをすれば、そこにある街路樹に四季の変化を見つけることもできるし、街の経済の空気も感じられる。


のんびり景色も眺めながら移動できるバスは、子どものころから好きなのだ。そして、子どものころからバスに現金で乗ったことがほとんどない。ずーっと回数券で乗って、そのあとにはプリペイドカード。そしていまはＩＣカードである。理由はそのほうが小銭の用意もいらないし、割安だからだ。主な理由はもちろん後者。

プリペイドカード時代は、５０００円のバスカードを買うと５８５０円分使えた。有効期限はなく、約15パーセント引きで乗れたわけだ。日常のことだから、この割引はうれしい。ところが、ＩＣカード時代になってめんどうになった。現在２２０円のバス代はＩＣ

カード利用で216円となるのだが、1000円使うごとにサービスポイントがつくように変わった。

216円を5回使うと、5回目には1000円を超えるので100円分のポイントがつく。これは、乗車時にICカードをかざすと、ICカードの残額表示とともに「おまけがつきました!」とメッセージが表示されてわかる。そして、次に乗車するときはそのサービスポイントが自動的に使われて216円の運賃が116円となる。

で、次は216円を4回使うと100円分のポイントがつく。216円が9回と116円が1回なので2060円となり、2000円を超えるからだ。そして、11回目の乗車も100円分引かれて、また116円となる。

これが、この文の初めのタネあかし。なるほど、1000円使うと100円分のおまけがつくんだから、だいたい1割(正確には9パーセントくらい)のおまけがつくのかと思うと、この先のオマケはでかくなる。

次の1000円、つまり3000円使うと、なんと160円のポイントがつく。これは15回目の乗車でつく(216円で13回、116円で2回で3040円)。そして、次の16回目の乗車は216円から160円も引かれるので、56円でバスに乗れる。次の5回は

05 月末途中下車の旅

216円に乗ったあとに4000円を超え、160円のおまけで22回目の乗車も56円。

もう飽き飽きしたと思うけれど、もうちょっと付き合ってほしい。なぜなら、次の1000円を使うと、それは26回目の乗車となるのだが、なんとおまけが330円もつくからである。これは相当うれしい。ところが、この何回乗ったか（正確には、いくら使ったか）というカウントは、月末でチャラになる。翌月はまたゼロから始まるのである。

いくらバス好きだといっても、1か月に26回もバスに乗ることはそれほど多くない。だから、この330円のうれしいオマケをもらえるのは、もらえるとしても、月末だ。4000円を使った2回目の160円のおまけをもらってから、5回か6回乗ると330円のオマケがつく。

なぜ、「5回」と断言できないかというと、このおまけシステムをわかりやすく説明するために、1回の運賃は216円としてきたが、実はそんなに単純ではない。私は都営バスにも京王バスにも乗る。そして、都営バスと京王バスは1回のIC運賃が206円、他にこのカウントシステムに、都電（165円）や東急世田谷線（144円、三軒茶屋と下高井戸をつないでいる路面電車でときどき使う）も入っているのである。

さらに、都内だけでなく関東各県のバス運賃もカウントされる。浦和レッズの応援に行くために、浦和駅からスタジアムまでの臨時シャトルバス（410円）に乗ったりすると、もう、今月はいくら使っているのかなんてまったくわからなくなるのだ。それに、だいたい今月はバスに何回乗ったとか、きちんと覚えているわけがない。

ということでなんとなく、そろそろ330円のオマケがもらえるはずだと思うと、月末の26日を過ぎたころから気持ちが騒ぐ。ICカードを乗車時にかざすたびに、オマケがつくのは今回じゃなかったのかと心がへこむ。

30日や31日、その月の月末の最後の日に、さあ今度こそ330円のオマケがもらえるぞと思ってICカードをかざしたときに、おまけがつかないとわかるとちょっとくやしい。きっとあと「1乗車」足りなかったのだ。あと216円のバス代を使うと330円のオマケがつくのか。これは、どう考えてもくやしいと思う。そして、来月になれば、またゼロからのカウントになってしまう。

こうして、私の途中下車の旅は始まるのだ。バスの中から見ていて気になっていた蕎麦屋やレストラン、神社や寺。自分がいつも降りるバス停の先にある場所にも、がぜん興味が湧いてくる。いつものバス停で降りないで、もうしばらくバスに乗ってみる。

こうして、松陰神社、成城学園、二子玉川、桜新町……、いやそういうメジャーなところでなくても、ふらっと降りたバス停周りを30分くらいフラフラ歩いてみる。ところが、「もう1回、月末までにバスに乗りたい」というよくわからない動機で降りた場所に、思わぬ発見がある。

今朝はまさか、ここに来るとは思ってなかったぜ。そう思って、短い途中下車の旅を終えて、もう一度バスに乗って戻る。バスに乗ると「オマケがつきました！」と表示される。でも、そのときには330円のオマケをもらった以上に、予定に入れてなかった小さな旅をした大きな満足感に包まれている。

やっぱり、僕はバスが好きである。

06 ギャンブル放浪記

ギャンブルで借金を作った。家庭を壊した。会社を辞めた。そういう話はいくらでもあります。

毎日100円、200円の節約をしていても、ギャンブルをやっていれば、そうした積み重ねも一瞬にして吹き飛びます。もしも、あなたがギャンブルをやっているのなら、早く他の趣味をつくったほうがいいと思います。

僕の知り合いにもギャンブルを楽しんでいる人が何人もいて、ときたま話す機会があると「やめたほうがいい」とストレートに言うことにしています。すると、多くの人があからさまに嫌な顔をして反論してきます。

「自分は節度を持ってやっているから大丈夫」

ほぼすべてのギャンブラーは、そう言います。

きっとそうだとも思うのです。誰ひとりとしてギャンブルに手を染めるときに「ようし、

06 ギャンブル放浪記

ひとつオレの人生をぶっ壊すために、持ち金を全部賭けてギャンブルをやってみるか！」なんて思ってはいないからです。それどころか、多くの人が大勝ちしようとも思ってない、あのどきどきワクワクする気持ちを楽しみたい。それを大人の節度を保ってやればいいんだ、と思って手を出すのです。

そして、実際に多くの大人が自分の許す範囲内で楽しみます。そこには各々のルールや決まりがあるのでしょう。しかし、人生の中でふとしたすきまができたとき、日々のつらさやストレスを忘れたいとき、その節度のタガははずれてしまうものなのです。そして、いつのまにか取り返しのつかない沼に深くはまっていってしまう。

ギャンブルや賭けごとは、人に言われてやめられるものではないのかもしれません。自分で「やめる」と決断する必要があると思うのです。

僕の場合はそうでした。両親に一度たりとも、賭け事をしてはいけないと言われたことはありません。自分で「こりゃ、ダメだ。制御するのもむずかしい。それなら手を出さないことだ」とわかってやめたのです。と、いうことでみなさんの参考になるかどうかはわかりませんが、僕の『ギャンブル放浪記』。

僕が賭け事の楽しさを知ったのは、幼すぎて何歳のころだったかおぼえていません。それは、夏の盆踊り会場などの夜店での金魚すくい、輪投げ、射的、水飴屋にあったゲームなどが最初でした。それらのゲームには、必ず勝ち負けがありました。もう1匹、金魚が欲しいとか、もっとおもちゃが欲しいとかではなく、「勝負で勝ちたい」という気持ちで親にせびって遊んでました。

とくに水飴屋は、スマートボール、コリントゲームがあり、その勝敗で水飴をひとつしかもらえなかったり、3つや4つもらえたりします。このゲームは、いまのような電飾やパソコンがらみがまったくない素朴なもの。パチンコのような台が傾斜をつけて置かれ、パチンコ玉の何倍もある大きな玉を打つと、さまざまな釘にあたってゆっくり手前に落ちていく。その途中の当たりの穴に入れば、勝ちというわけです。

面白かった。メチャ面白かった。

そのうち、夜店だけではすまなくなりました。勝負の面白さは幼稚園の年長のころには目覚めていて、小学生になるとビー玉やメンコ（めんち）に興じていました。

ただ、面白いのですが、へたくそで勝てない。『巨人の星』や『ウルトラマン』、『仮面ライダー』の絵の入ったメンコ、きれいなビー玉はどんどん友だちのものになっていきました。

どうにかして取り返したい。そこで幼い僕が考えたのが、ゲームを作って自分で仕切ればいいということでした。つまり、小学生で胴元をめざしたのです。最低です。僕はベニヤ板を拾って来て、家にある釘と輪ゴムを駆使してコリントゲームを作ってみました。

釘と釘のあいだに輪ゴムを張ると、そこにビー玉が当って、跳ね返ります。釘の打ち方、ゴムの張り方など、微妙な調整もしました。こうした工夫を重ねていくと、夜店のものにはかないませんが、どんどん面白くなりました。

数日後には、もっと釘が必要になり、金物屋から釘を買って金槌で釘の頭を叩いていました。小さな小学生が釘を買いに来たのです。店の主人は親のお使いだと思ったのでしょう。金物屋のおじさんは感心して初めはとても親切に接してくれましたが、次第に僕が幾種類もある釘をどれがいいかと物色しているのを見て、不思議そうにしてました。

できあがったゲーム盤は、ひとりで何時間遊んでも楽しかった。それを友だちにも遊んでもらって、取られたメンコやビー玉を取り返しました。最初のうちは大人気で、手元のビー玉もメンコもみるみるうちに増えました。

しかし、ぴたっと止まってしまいます。「いっぱい取り返したいから」と、釘と輪ゴムを少しずつ調整したのです。すると「ゲームをする人が負け続けるだけのゲーム盤」になってしまった。それは、小学生でも見抜きます。もちろんつまらない。

「なんだよ、これ。こんなの勝てるわけないじゃん」

そういって、お客、いや友だちが来なくなります。

それではこまるので、さらに調整して遊んでもらえるようにもしました。小学校にこっそり持って行き、昼休みの時間に開店したら黒山の人だかりになったこともありました。すると、先生から「そんなものを学校に持ってくるんじゃない」と叱られました。あたりまえです。

次に手を出したのが、小学4年ごろの父とのカードゲームです。

それは、厳しく容赦ない父との戦いでした。小学生時代の僕のこづかいは月500円で、サラリーマンだった父の給料日のすぐあとに翌月分のこづかいをもらいました。給料日は毎月25日。25日が週末に重なると前倒しで23日とか24日が給料日の場合もありました。もう給料が出たはずだと思うと、母親のところに行ってニヤニヤした。子犬が舌を出して「ハーハー」するように、「おこづかいちょうだい、おこづかい!」と言ってました。

06 ギャンブル放浪記

まだ、500円は岩倉具視のお札の時代。重みがありました。

こづかいが出た次の週末になると、父は「治彦、やるか」と誘ってきます。そして、妹と父と3人でトランプをした。それも、少額ながらお金を賭けたのです。

父はトランプを鮮やかにシャッフルして、カードを配ります。僕は必死に作戦を考え、今月こそ先月までの負けを取り返そうとします。しかし、そんなことはかなうはずはなかった。

三十も年の違う子どもの手口は読まれていて、毎回完膚なきまでに打ち負かされました。ときおり何ゲームか父が負けてくれることもありましたが、1時間か2時間後には月のこづかいは全部なくなっていました。まだ1か月は始まったばかりなのに、手もとのこづかいはすべてなくなるのです。妹は涙を流して泣き、僕はこれから1か月をどうやってしのいでいくかを青ざめて考えました。なぜなら、毎月必ず欲しいものがあったからです。それは、小学生向けの月刊誌です。

学研の小学生向け雑誌『科学』と『学習』は勉強に役立つ雑誌だったので親に言えば買ってもらえたのですが、藤子不二雄の「ドラえもん」も載っていた小学館の月刊誌『小学四年生』や『小学五年生』は、微妙でした。いちおう学習雑誌となっていましたが、漫画もたくさん載っていて学習の部分は少なかったのです。

僕はこれを「10チャンネルみたいな雑誌だ」と思っていました。10チャンネル、いまの5チャンネルのテレビ朝日は、当時はNET（日本教育テレビ）という名称で午前中に何本か教育番組をやっていました。あとの時間は、いまのようにワイドショーやバラエティ、アニメ、ニュース、ドラマと楽しい番組がてんこ盛りの不思議な教育チャンネルでした。

新聞のテレビ欄を見ると、教育系の番組は小学生が学校に行っている平日の午前中に放送している。「小学生は誰も見られないのに、なんでだろう？」と思っていました。きっと電波認可の関係で教育番組をやる必要があったのです。しかし、小学生の僕にはそんな大人の事情はわかりませんでした。

小学館の雑誌も表紙に「学習雑誌」と書いてありましたが、子どもにしてみれば「勉強なんかは学校で十分。雑誌の難しいところは読まなければいいんだ」と思ってた。母はそういうところをちゃんと見抜いてましたが、僕が1か月のこづかいを巻き上げられたことを話し、しょぼんとしていると買ってくれました。

06 ギャンブル放浪記

父親との賭けトランプは、2年続けてお年玉の全負けという悲劇を味わって足を洗いました。「賭けなしでやろう」と誘ってくれることもありましたが、もう精神が麻痺していて、お金をかけなくちゃ面白くなくなってた。こうして、トランプ自体を父親とするのをやめてしまったのです。

それに、子どもながらに忙しくもなっていた。小学5年生の終わりごろから「四谷大塚」という中学受験のための学習塾に通い始めたのです。クラスで自分と同じくらいに勉強ができる児童が日曜日になると学習塾とやらに通っているという噂を聞きつけて、自分も行きたいと思ったのです。なぜなら、小学校卒業のときライバルに「自分は名門××中学に行くんだ」と得意げに出し抜かれることだけはゴメンだったからです。

塾は都心の専門学校や大学の校舎を借りておこなわれていました。だから、電車やバスを乗り継いで行きます。塾に通う子どもたちの多くは、途中の新宿や池袋というターミナル駅で地下の立ち食いの店にハマりました。大阪風のうどん、カツサンド、タコ焼き。うまいB級グルメをサラリーマンに混じって味わいました。

しかし、僕はそれだけで終わらなかった。コインゲームの店を見つけてしまい、通ったのです。100円を10枚の銀のコインに換えてもらってゲームを遊ぶ店でした。

換金性はないので勝ってもコインが増えるだけですが、勝ち負けがあったからでしょう。ハマってしまいました。父親との賭けトランプからやっと抜けられたのに、もっと深みにハマってしまったのです。

スロットマシーンはあっというまにコインがなくなるので、面白くなく、すぐに飽きたのですが、ピンボールと、とくにプッシャーというコイン落しゲームにはハマりました。プッシャーは、ガラスの向こうに動く台が2つか3つあり、その上にはコインが敷きつめられてあります。いちばん上の台にコインを落とすと、それまでにあったコインが押し出されて前のコインが下の台に落ち、それがまた下の台のコインを押し、最後に押し出されたコインが落ちて、自分のものになるというゲームです。

プッシャーはそこそこ長い時間遊べて、ガラスの向こうにあるコインの状態を見て自分のコインを投入すれば、何枚かのコインが落ちるはずだと分析できて面白かったのです。もちろん分析は、はずれることも多い。子どもの目には敷きつめられているように見えても、何百枚ものコインにはすきまがあったり、押されても前に進まず左右にずれたりして、自分が落としたコインは敷きつめられたコインの新たな1枚になるだけで、自分の手もとに1枚もコインが落ちてこないことが多かったのです。

このゲームにハマり、塾の帰りにこっそり寄って遊ぶ。200円で30分は遊べたでしょうか。「きょうこそ勝つぞ」と思うのですが、コインは1枚もなくなってしまうのが常でした。

このゲームで、子どもながらに自分が理性を制御できないほどハマってしまってることや、己の汚さを思い知りました。汚さというのは、全部負けてコインは1枚もないのに帰らないからです。それは、ほんのときたまいちばん下の台からはみ出るようにしていたコインが、誰もコインで遊んでないのにチャラーンと落ちてくることがあったからです。帰らずにその「チャラーン」を待っていました。音がすると、小学高学年の僕は走り寄って、そのコインをさっと手にしてまた遊ぶのです。

もちろん、そう簡単にコインが落ちてくるわけはありません。自分の腕時計をみて、「あと10分たって落ちてこなかったら帰ろう」と時間を区切ります。しかし、その10分後には「もう10分待ってみるか」と、帰宅時間はどんどん遅くなっていくのです。

何十分待ってもコインが落ちてこないことがありました。台の中を見ると「これは落ちてきたっていいじゃないか」という台があります。すると、僕はまるで転んだかのように、その台にわざとぶつかってみたりもしたのです。自分がぶつかった振動で落とそうとしたわけです。それは、一度だけ本当にこけてぶつかってコインが3枚落ちてきたことがあって、それを自ら再現しようと思ったわけです。しかし、いくらぶつかっても落ちてきませんでした。

毎回毎回、そんなおこぼれコインを待っている自分が情けなくなって、小学校を卒業するときにやっとやめることができました。「自分はもう賭け事をしてはいけない、ゲームの魔力に近づいてはいけない」と悟ったのです。親に叱られたわけではありません。自分でそう思ったのです。こうして、中学からはギャンブルやゲームに手を出すことはなくなりました。

ただ、自分の能力よりもひと回り上の進学高校に受かったころ、インベーダーゲームが流行っていて、ハマりそうになりました。インベーダーには、それまでのゲームと違う陶酔感がありました。とくに高校生のときにはこづかいは5000円になっており、少し余裕もありました。

幸いなことにインベーダーゲームは喫茶店にだけ置いてあり、高校生がそこに出入りするのはちょっと不良の香りがしました。高校の同級生は、みな中学のときには成績優秀だった連中です。それが、中にはくわえタバコをしながらゲームに興じていました。

僕も誘われて、何回かやってみたらすごく面白い。しかし、「これに自分がハマったら、こづかいはなくなるし、勉強もいっさいしなくなって、人生を転げ落ちていく」と思ったのです。自分は賭け事やゲームが好きで制御がきかないのだ。小学生のときのことを自分に思い出させていました。

そこで、インベーダーゲームはうまいヤツの妙技を見るだけにしました。こうして踏みとどまったのです。それからも、ことあるごとに「自分は賭け事が大好きなのだ。気をつけなければいけない」と、そう自分に何度も何度も言い聞かせました。

大学時代にも「危機」はありました。あれほど言い聞かせていたのに、クラスメートから麻雀に2回誘われたのです。ルールがわからないまま二度とも誘いにのり、2回とも勝ちました。でも「これはハマってたいへんなことになるぞ」と思ってやめました。自分でやめたこともありますが、二度も勝ち過ぎたからでしょうか、幸いなことに誘われなくもなったのです。

仕事を始めてからは、賭け事をまったくしない人生です。一度だけ、放送の世界に入ったあとに食事を誰がおごるかで、ボードゲームでおなじみの「人生ゲーム」をやったことがあります。有名な業界人が何人もいました。ゲームが始まると、僕は陶酔していくタイプだからか、勝つことだけに集中しました。他の人のようにふんわり楽しく遊べないのです。他の人たちの能力やクセ、手口などがあっというまにわかってしまい、それらも使い、少々トリッキーな方法で、笑えないくらい大勝ちしてしまいました。

ただメシにはありつくことはできたのですが、その10倍くらい嫌われて仕事にはつながりませんでした。ギャンブルはやっぱり危険だと、大学の麻雀のときの何十倍も言い聞かせました。あれからホントに、競馬もパチンコも宝くじもやっていません。競艇や競輪ももちろんしません。

こうして、ギャンブルを自分の人生から遠ざけることができました。しかし、考えてみると銀行をさっと辞めてほとんど定職にもつかず、フリーランスとして来年の収入がどうなるかわからない世界で生きてます。どうも自分自身の人生がギャンブルみたいです。それでもう十分なので、ギャンブルに手を出さないのかもしれません。

07 Bar・クレジットカードにて

クレジットカードに、安らぎの地などない。

それは激しい芸能界の浮き沈みとも似ている。これでオーケーと思ったとたんに新たなスターが現われる。非情な世界で、こちらが惚れ込んだらすぐしっぺ返しを仕掛けてくる。裏切りと出し抜きも、日常茶飯事だ。

もう四半世紀も、そんな厳しいクレジットカードとチェイスする日々が続いた。

ひとりの男が、そんな日々を振り返ってつぶやいた。


年会費はいらない。カード発行審査も厳しくない。たとえカードをなくして悪用されても、きちんとしていれば保険もきく。

使えばポイントとかいうオマケももらえる。いいことづくめじゃないか。

自分自身のクレジットカードを初めて持ったのは、社会人一年生のときだった。

名前は、セゾンカード。もちろん俺だって、西武百貨店や西友で買い物するばかりじゃないが、VISAっていう国際カードもついていた。1980年代ってのは、金利が5パーセントもあったころだから、俺はとにかくボーナス一括払いで愛用したよ。

つまりだ。何でもかんでも「ボーナス一括払いでお願いします」って、したわけだ。半年後でも、一括払いだったら手数料も金利もつかない。

1月に10万円の買い物をしたとする。支払いは半年後の7月のボーナス時期となる。そのまま現金で支払わずに、「10万円は預金」にしておけば、半年で2・5パーセントほどの利息、2500円がついた。税金を払っても、2000円は手もとに残る。

つまり、10万円の買い物が、実質は9800円で買えたってわけ。

もちろん、セゾンのポイントももらった。0・5パーセントのポイントだ。10万円だから500円分だ。

それに、預金の利息から税金を払ってるので、俺は国や地方に税金も収めてお国に貢献もしたってことになるわけだ。

多くの人が銀行系のクレジットカードで年会費を払っていたが、俺には理解できなかったね。

07 Bar・クレジットカードにて

セゾンカードのどこがいけないんだってね。だって、年会費無料だぜ。銀行系カードの年会費がたとえ1500円くらいだったとしても、だ。1500円もあれば、こじゃれたバーでバーボンを1杯飲める。文庫本なら4冊買える。映画だって見に行ける。ギャンブラーなら、宝くじで何千万円にもなったかもしれないじゃないか。

自分のためにに使うんじゃなくてもさ、1500円を募金すればちょっとした人助けになる。当時の労働人口は6000万人くらいかな。そのうちの5パーセント、つまり300万人が1500円を人助けしたら45億円。24時間テレビもまっ青な金額になるってわけさ。俺も得して、人助け、おまけにお国に貢献。いい時代だったぜ。


1990年代になってカードは普及するが、金利はどんどん低下する。超低金利時代、いまやゼロ金利、マイナス金利時代だってさ。ボーナス一括払いは支払いを先延ばしにはできるけれども、それで金利分を得するってことはできなくなった。

また、カードを持つ人も激増し、情報化社会にクレジットカードは大量発行が始まる。

年会費無料で、すっかりクレジットカード業界のメインに躍り出た流通系カード。つまり、スーパーや百貨店系のカードには新たな指命が課された。それは、客の囲い込みと顧客情報の収集ってやつだ。

高島屋や伊勢丹、かつての三越も、独自にカードを発行し、年間の購入金額が増えれば増えるほど、割引こうとした。だから、高額利用すればするほど、得できるってわけだ。

超低金利時代で消費者の多くがクレジットカードのポイントってのに気がついていた。このクレジットカードのポイントってのは、いまも昔も利用金額の0・5パーセントってのが標準だ。つまり1万円使って50円。カード会社は店舗から、小さな商店なら5パーセントくらい手数料をもらってる。つまり、俺たちが10万円使うと、カード会社は店に9万5000円しか払わないって寸法だ。

新宿や池袋にある激安量販店、そして、流通系カードの先駆者であるセゾングループ各店が、クレジットカードのポイント以外に独自のポイントサービスを始めたり強化した理由は、そういう背景もあるはずだ。

ところで、カード会社は原則、現金とカード払いの価格を変えることを、契約で店舗側に禁じている。わかりやすくいうと、「カードで買うなら10万円。現金なら9万8000円で」っていう売り方をすることをしちゃいけないってことになっている。

でも、店としては現金のほうがいい。10万円をカードで使われて9万5000円もらう

07

Bar・クレジットカードにて

よりは、現金で9万8000円のほうが得だからね。それに現金を持ち、豊富なキャッシュフローを確保しておくことは企業経営の基本でもある。

だから、よく「○○カメラ」のポイントは、現金払いなら10パーセント、カードなら5パーセントとか違うだろう。「○○カメラ」だけで使えるポイントだから、顧客の囲い込みにも有効だし、支払いを現金払いに誘導できるっていうもくろみもあるんだろうね。俺は、「○○カメラ」でクレジットカード払いをしたことはない。半世紀以上も生きてきたが、ただの一度もない。

もちろん当時もセゾンカードとは付き合っていたぜ。俺は愛すると決めた女と添い遂げるタイプだからな。

ただ、愛人ができた。初めはクレジットカードじゃなかった。だから、俺だってそれが浮気につながるとは思ってなかったんだ。つまりあれさ。戦争が始まったんだよ。いわゆる「マイル戦争」ってやつが始まった。

ことの発端は、ジミー・カーターっていうピーナツ畑からやって来た男が、アメリカ合衆国の大統領になった。で、やったことが「航空の自由化」だ。これで、アメリカの航空会社は激しい空中戦を始めやがった。

そのあだ花で生まれたのが、マイルってやつよ。パンアメリカンとか、ユナイテッドとか航空会社がさ、自分のところを使って空港から空港へと旅行したら、マイルをくれてさ、それを集めると飛行機代が無料になったりするってわけさ。つまり無料航空券をくれる。

それがパーッと広がった。ホテルとレンタカーも加えて、がんがん広がった。最初はアメリカ国内だけで始まったケンカだったが、すぐに全世界の空を巻き込む大戦争になった。そんで、うちらのJALやANAも参戦、ルフトハンザや英国航空、タイ航空やシンガポール航空と、メジャーな航空会社はアメリカのどでかい航空会社のどこかと手を組んで、おっぱじめやがったんだよ。マイル戦争を。

ケンカ好きなんだね。ちゃんとやつらは言ってるぜ、仲間通しで俺らはアライアンス＝同盟だって。そして、マイレージカードってのを出したんだ。

俺がメインに使ったのはユナイテッド航空。だが、じきにユナイテッド航空の仲間のANAに乗り換えた。そりゃそうだ。俺は日本人だ。日本の会社がやってるところがいいじゃないか。乗ったね。山ほど乗った。で、無料の航空券も山ほどもらった。無料の航空券の中でも、国際線のビジネスクラスの航空券がいちばんいいね。

07 Bar・クレジットカードにて

たとえばさ、東京からニューヨークでもパリでもビジネスクラスで旅行をしたら、50万円くらいはする。それが、無料でもらえる。エコノミークラスは割引航空券も山ほど出ていて簡単に買えるけれど、ビジネスクラスは高いから、そう簡単に手が出ない。とくに若いころは買えなかった。でも、乗りたいじゃないか。山があれば登りたい。ビジネスクラスがあれば座わりたい。それがマイル戦争に参加して、マイレージカードでマイルを貯めればもらえたってわけだ。

一度始まった戦争はかぎりなく続く。負けて消える会社も出た。アメリカの航空会社でなら、パン・アメリカン、TWA、ノースウェストなどが撤退や合併などで姿を消していった。もうこんな戦争は十分だろうとも思ったけれど、終わらなかった。空だけでやってる戦争だと思ったら、地上でも戦争を始めた。俺はとにかくマイルが欲しかっただけなんだけどね。あるとき、航空会社から手紙が届く。「お客様だけの特別のお誘い」ですって。「このカードは、日常のお買い物のポイントをマイルにしていただくこともできます」。

つまり、飛行機で旅行しなくても、ふだん買ってる食料品やレストランでの食事や、電気代とかをクレジットカードで払って、それでもらえるポイントをマイルとしてもらえる特別のクレジットカードです。そう来たんだ。いまは珍しくないけどね。

当時の俺はマイルに惚れ込んでいたから、迷わず申し込んだよ。セゾンカードと違って、年会費が1万円を大幅に超える金がかかるのだけれども、あれこれおいしい特典もあった。申し込んだよ。「ANAスーパーフライヤーズカード・JCB付」だ。

そして、このカードばかり使った。出会ってから7、8年は毎月何十回もね。1日2回、3回なんてあたりまえだった。そうして、俺はニューヨーク、パリ、ロンドンへ無料のビジネスクラスで出かけていた。


こうして愛人ができても、セゾンとの付き合いがまったく切れたわけではない。それは年会費がかからなかったからだけではない。なぜなら、毎月5日・20日に西友でセゾンカードで買い物をすると、通常ポイント以外に5パーセントも割引いてもらえたからだ。

俺のように、飛行機に乗らなくてもマイルを貯めるやつを何ていうか知ってる？「丘マイラー」って言うんだってさ。うまいこと言ったね。しかし、先に話したアメリカの航空会社の経営破綻などの悲劇は、このマイルの出し過ぎっていう側面もあったようだ。で、消耗戦のあとで見直しも始まった。戦後処理だな。愛したANAスーパーフライ

07 Bar・クレジットカードにて

ヤーズカードも大きな見直しがあった。それにマイルが貯まり過ぎて使い切れないという変テコな状況になって。いいタイミングだったのかな。それまでのような付き合いはしなくなった。

こうして一度浮気をしてしまうと、もう見境がない。他にもっといいカードはないかと、つねに探すようになる。年会費が無料だったら、次々と交際を申し込んだ……。

まずは自分が使う流通系のカードを山ほど持つようになった。ファミマカードは無料のカードだが、このカードを持ってるものだけが安くなる商品があったりする。居酒屋チェーンの支払いが割引になるＷＡＴＡＭＩカード。趣味系用のクレジットカードも持つようになった。たとえば、東京交響楽団カードは、コンサートチケットの割引と、利用金額に応じて楽団へ寄付金がカード会社から贈られる。もちろん、ＴＳＵＴＡＹＡカードもある。これがなくちゃＤＶＤが借りられないからね。

こうして、もう何人、いや何枚あるかわからないくらいクレジットカードを持つようになった。なくすとこまるからね。ほぼ家に飾っておいてあるだけのカードも多いけどね。

クレジットカードは誰もが2、3枚持つ時代で、日本での戦いの勝負はついていたと思われていた。でも、いつだって新たなスターは生まれる。高還元率カードという新たなスターが出てきた。そこに、ポイント戦争もからんだ。

いまいちばん愛しているのは、「リクルートカードプラス」だ。こいつ黒いから、見た人は「ブラックカード?」って驚くけれど、違うよ。高還元率カードっていうスターだ。

かつてのクレジットカードのポイントは、ポイントで鍋やオーブントースターといった家庭用品や食品を交換するものが多かった。でも、多くの人が選んだのが商品券だ。何にでも使えるからね。その流れは徹底され、いまや電子マネーや金券などお金に準ずるものに交換することが一般的になった。

普通のクレジットカードは還元率は0・5パーセント。10万円使って500円だ。これだって、ないよりはいい。しかし、このリクルートカードプラスなら、なんと2パーセントだ。10万円使ったら2000円だ。100万円使ったら2万円だ。こいつはでかい。なにしろいまや、商品やサービスはもちろん、電話、電気代などの公共料金から国民年金、一部の税金まで、クレジットカードで払える時代だ。

サインレスになって、少額でもクレジットカード払いが億劫でない。だから、この普通

07 Bar・クレジットカードにて

のカードより4倍輝くカードに惚れ込んだってわけさ。それが証拠に、年会費を払うのが嫌いな俺が、毎年2000円（＋税）を払ってる。いいだろ？　もう一度、名前を言ってくれって？　自分も入りたいから？　それがダメなんだ。悪いね。人気殺到したんだろうな。募集を中止しているよ。そう、申し込めないカードになってしまったんだ。

そんながっかりした顔すんなよ。もう1枚よく利用しているのがある、なぜなら、このカードはJCBだ。JCBって使えないところがあるだろ。とくに外国とか。国内でもそうだ。噂では、VISAよりもJCBのほうが、加盟店がカード会社に支払う手数料が高いからだそうだ。で、やっぱりVISAカードも必要となる。

本当はそういうときこそ、VISAがついてて、昔からのなじみのセゾンカードを使ってやりたいんだけれど、一度4倍輝くスターと付き合うと、そういうわけにもいかなくてね。そんでさ、このカードが出てくる。

「P-ONE　WIZカード」だ。

ポケットカードという会社で、もともとニチイっていう大手流通系の関連会社の発行するクレジットカードだ。あと、先に紹介したファミマカードもこの会社が発行している。で、このカードは、まずは年会費無料。そして、不思議なカードだ。1万円の買い物をすると9900円で請求が来る。10万円なら9万9000円だ。そう、使った金額よりもクレジットカードで払うほうが安くなるっていうわけ。さらに、0・5パーセント分のポイント、Tポイントも別にもらうことができる。合わせて還元率1・5パーセントだ。悪くないだろ？　それもVISA付きにできる。

ただし、このカードは魅力的だが、知っておいてほしいポイントがある。基本はリボ払いカードなんだ。リボ払いだと手数料とか金利がつくからね。俺は嫌だ、払いたくない。ただし、毎月全額一括払いに変更することができる。電話で一度手続きすれば、毎月全額払いで金利などがかからない。ただし、支払いを一度でも怠ると自動的にリボ払いに戻ってしまう。また、「毎月全額払いにしてください」って手続きが必要となる。

これも悪くないだろ？

え、ああ、そうだった。ポイント戦争ね。いまや、クレジットカード会社がくれるポイント以外に、ダブルでポイントがもらえる時代なんだ。ポンタポイント、Tポイント、Dポイント、楽天ポイント。知ってるだろ？　そういうことも絡む時代になって、ますます複雑になったてわけさ。

07 Bar・クレジットカードにて

俺の見立てじゃ、こんなに高い還元率を、いつまでも出し続けることってできるのかって思う。いや、こういう話をしてもさ、すぐに、還元率の変更とか、ルールの変更とかで、いまの常識は昔のものになることがよくある。だから、最初に言ったろ。これで、決まりと思っても、すぐに新しいスターが出てくる。裏切りと出し抜きもあるってね。カードのルールはどんどん変わる。だから新しいルールをつねに見てないとね。知らないあいだにアレレってこともあるってわけさ。

もちろん、俺だって非情だよ。たとえば、某カードはいますぐ入会すると、最大1万円分のポイントっていうから入ったよ。年会費無料だっていうしね。で、入っただけで4000円。1か月以内に一度でも使えば、2000円、2か月以内に3万円使ったら、さらに4000円分のポイントがもらえるキャンペーンっていうんで入った。

そんで、2か月以内にしっかり3万円いくらか使って、がっちり1万円のポイントをもらった。そのポイントを使ったあとは、そのカードはまったく使ってない。なにしろ、ふだん使いのポイントは0・5パーセントの還元率だ。おいしくない。何か出会って一晩だけ付き合っておしまいって、そういう感じだ。

最近入ったカードもそういう感じ。いま、2万円使ってるよ。こいつは年に3000円（＋

税）かかるんだけれど、旅行保険は充実しているし、海外から帰ったら、空港からスーツケースの宅配を無料でやってくれるっていうんでね。俺、年に5、6回は海外に行くだろ。得だなって。クレジットカードとしては、きっとあまり使わないだろうな。いい客じゃないな。

おっと、感慨にふけってる時間はない。え、いままで自分はカードで得してこなかった。損をしたって？　そんな真剣に思いつめるな。いいんだよ、たかがカードじゃないか。もう一度言うけどさ、カード会社はギリギリの戦いをしているから、やめたり変更したりは日常茶飯事。だから、今宵話したことも、ちょっとした戯れ言だと思って聞いてくれ。

あしたはもう変わってるかもしれない。いままでのスターは消え、ニュースターが登場するのがクレジットカードの運命《さだめ》さ。追いかけ、逃げられ。ハードボイルドな世界だ。そんな、クレジットカードの世界に入ってくるなら覚悟がいるぜ。

じゃあな、あばよ、いい夢見ろよ。

08

「アリとキリギリス」を疑うようになって

若いときに油絵を一枚買った。

それは、知り合ったある老画家の作品で、平安絵巻の世界を連作で描いている人だった。月に2回、土曜の午後に原宿・表参道の裏通りで開かれていた絵画教室の先生だった。僕は就職したばかりで、20代のはじめのころだった。

学生時代に、作家の遠藤周作さんが主宰されていた素人劇団「樹座」に入れてもらった。その劇団に、遠藤小説の挿絵などをよく描かれている老画家・秋野卓美さんがいた。劇団にはいろんなサークル活動があってそのひとつが絵画教室だった。

僕はその絵画教室の幽霊メンバーだったが、ふと出席しては静物画や裸婦を描いた。ときには小旅行をして写生もした。絵を描くだけでなく、その不思議なグループにいるのが面白かったんだと思う。みんなで酒もよく飲んだ。僕は若かったので、いろんな無礼も大目にみてもらっていた。ある宴席で気持ちよくなって老画家に質問した。

「先生の絵は、いくらくらいで買えるんですか？」

そう注文したときには30万円ということだったが、半年後に絵が出来上がったときには40万円と言われた。

バブルの時代だったのだ。

楽しい関係に影響をさせたくなかったので、そのまま払った。もしも30万円と言ったのを40万円と自覚して言ったのであれば、相手のほうが気まずいに決まっている。もしかしたら、忘れていたのかもしれない。宴席で僕がそんなことを言うものだから、40万円と言いたかったのを30万円と言ったのかもしれない。そこいらへんは、いまでもわからない。


僕はごく平凡な普通のサラリーマン家庭に生まれた。そんな家庭は油絵など買わない。家には、デパートの即売会などで手に入れた1万円くらいのルノアールやバルビゾン派のほぼ印刷な名画のコピー絵画は飾られていたが、どう考えても中身よりも額のほうが高そうだった。壁には名画を綴ったカレンダーから母がお気に入りの作品を額に入れたものも飾ってあったが、それらは日に焼けて退色していた。

08 「アリとキリギリス」を疑うようになって

実は、わが家には油絵もあった。それは、ご近所づきあいしていた美大卒の母の友人が、描いてくれた母の肖像画だった。首がちょっと長めのモディリアーニ風の作品で母のお気に入りだったが、プレゼントだった。

そんな家だったので美術には理解があると思って、自分の給料で絵を買ったことを言った。「仲のいい人から世界に一枚しかない絵を買った」と伝えた。しかし、自立するまで自宅にその絵をかけることはできなかった。親の評判はすこぶる悪かったのだ。「40万円も出して絵を買うなんて何様だ！」というわけである。絵がいい悪いではない。親の経済感覚からいったら、まったく狂ったことを息子はしでかしたのである。

だから自分の部屋であったとしても、その絵を見るたびにイヤミを言われそうな気がして、しまったままにしておいた。両親のもとを離れて、はれて部屋にかけた。住んでいたマンションは狭かったが、不思議とその絵のある場所は家の中心となった。

コーヒーを煎れて飲んでいるときに、ふわっと視線はそちらを向いていた。帰宅して電灯を灯したときに、いちばん最初に目に入ってくるのが秋野先生の平安絵巻の世界。そんな不思議な毎日が始まり、いまも続いている。

世界中には、さまざまな絵画がある。それぞれの作品を画家がどのくらいの時間を使って描いたのかはわからない。しかし、その絵を描くために美術家になった人たちは、幼いころから美を意識して生活をし、教育を受けただけでなく、それで食っていくぞと決断し、訓練や修行を重ねる。何十年もかかって初めてひとつひとつの絵を手がけることができるようになる。絵の中に、美を追い求めた画家の人生の結実が投影されている。

だから、絵のかかっている場所は、ひとつ次元が違う世界がそこにできあがる感じがする。そんな場所が、自分の家の中には確実に存在するようになる。だから、自然と目がいってしまうし、意識もする。それを毎日眺めることは僕の楽しみであり、美しいものを見たときに感じる喜びも与えてくれる。とくこの絵は、「源氏物語」を題材にした日本の世界を描いた洋画だ。意識はしないが、何か根っこに迫ってくるのだ。

僕が絵を買ったことは、かつての金満日本がやったような投資のために絵を買うのとは違う。何千万円、何億円も出して絵画を買い、しまい込んで値が上がるのを待つのとは根本的に違う。それでは、絵画も原油や金の先物取り引きと同じ、投資対象におとしめてしまうことになる。絵そのものを楽しむわけではない。

僕の場合、半分は成り行きで買ったのは事実だ。衝動買いではないが、酔っぱらったと

08 「アリとキリギリス」を疑うようになって

きの勢い買いである。勢いがなければ、若造に絵などは買えない。でも、買ってよかった。若気の至り、万々歳である。

部屋に絵をかけてから20年以上経つ。15年前にその老画家はこの世を去った。その後も、この絵は部屋にあって僕の心を揺さぶってくれている。絵画そのものもすばらしいだけでなく、「佐藤クンは僕の絵を買ってくれた」と、酒が入るといろんな人に言っていた老画家のうれしそうな笑顔と、若くてヤンチャな自らの日々の思い出も心に蘇る。

僕があと20年生きるとすると40年、この絵を楽しむことになる。1年1万円で楽しんだことになる。これはそんなに高い買い物だろうか?

絵画だけではない。若いときに飲んだ高級ワイン、背伸びして出かけた寿司やフランス料理……。それらの経験は自分の中に蓄積されて、次のワインに出会うときの、食事をいただくときの羅針盤になってくれている。けっして「1回食べて、はい、おしまい」ではないのだ。

旅行や観劇、スポーツ、さまざまな経験はかたちとしては残らないが、思い出として僕がこの世を去るか、もしくはボケてしまって何が何だかわからなくなるまで、笑顔とともに生涯を通して心に寄り添い、繰り返し楽しむことができるのだ。

人生80年として、20代の経験は60年間もその経験を楽しめるが、60歳での経験は20年だけだ。

日本人はイソップ物語の「アリとキリギリス」が大好きだ。若いときに我慢していると、あとで楽ができるという論理だ。子どものころに枕元で、親が絵本で何度も読んでくれた。幼稚園でも聞かされたし、テレビのアニメでも見た。しかし、あれはいかがなものか？　なぜなら若くして死んだらどうするんだろう？

若いときの楽しい思い出は、残りの人生でも素敵な経験として日々を彩ってくれる。若いときは我慢したのだから、年齢を重ねてから、さあこれからは少し自分に贅沢をしようという「アリとキリギリス」的なやり方は、ときに破綻する。60歳になって高価できれいな服を着られるとしても、きっと「若く、もっと美しいときに着たかった」と思うだろう。「うまいものを食べるぞ」といっても、70歳になってのフランス料理フルコースには食欲も細る。楽しむタイミングが少し遅すぎるというわけだ。

それでもまだ、気がついてお金を使って楽しむことに人生のギアチェンジができた人は

08 「アリとキリギリス」を疑うようになって

幸せだ。なぜなら、若いときからの生活習慣はなかなか変えることはできないものだからだ。そのまま年齢を経て健康を害してしまって、我慢して作った資産を使えない人が大勢いる。小さなアパートに住みながら、亡くなってみたら貯金通帳に4000万円残していたなんてことはよくある話である。「アリとキリギリス」のように、「冬になってアリは夏のあいだに蓄えた食料で幸せに暮らしました！」ということにならないこともあるのだ。

5年以上前に、人気テレビ番組『開運！なんでも鑑定団』にゲスト出演したことがある。ディレクターさんが家にやって来て「何か鑑定に出してもらうものはないですかね？」と言われ、ITバブルがはじけたあとに買ったクリストという現代作家の美術品を出したことがある。買った価格は10万円だったのだが、50万円と鑑定された。

すでに10年近く部屋に飾って楽しんでいた。10万円で買うときに、40年楽しむとしたら、毎年2500円か……安いな、買おうと判断して買ったものだ。それが、楽しんだだけでなく、値段も5倍に上がっていた。

美術をさんざん楽しんで、経済的にも得をしたことになる。

絵を描くことはしなくなったが、いまでも日本で開かれる美術展に出かける。国内で開かれる美術展で、僕がとても気になっていることがある。それは、印象派以降の美術展が開かれると、その絵画の多くに日本国内の美術館だけでなく、企業や個人所有のプライベートコレクションからの出展が多いことだ。

ルノアール展やミレー展でもヨーロッパやアメリカから作品を借りてくるだけでなく、国内の個人や美術館からも絵画を借りてイベントを成立させている。

楽しむためでなく投資として売買される絵画がある。人々を楽しませるのではなく、大切に倉庫で保管される絵画だ。

たとえ投資で買ったものであったとしても、人を楽しませているものであってほしい。家庭や社内で展示され人々を楽しませているものなのか。実は、とても気になっている。いや、きっと僕だけでなく、画家本人だって、それも秋野先生だけでなく、ゴッホやエゴンシーレ、ルノアールだって気にしているはずだ。ピカソも葛飾北斎も同じはずだ。

09

500円のワインより2000円のワインのほうが断然安いと思う理由《わけ》

「佐藤さんって、ワイン好きですよね」

担当ディレクターが言った。1990年代、30代前半の僕は、テレビ朝日の深夜の情報番組『トゥナイト』と『トゥナイト2』の経済リポーターをやっていた。そこでは、それまでテレビでは取り上げなかったアウトレット、住宅情報、レジャー情報といった生活ネタから、円ドル相場や政府の経済政策についてまでいろんなことを扱った。出演するだけでなく、企画会議に出席したり、ときには取材VTRのナレーション原稿を書いた。情報番組の仕事を心から楽しんでいた。

あるとき、ディレクターから1本500円で売り出された輸入ワインの特集をやりたいと言われた。1990年代前半は、11月の第3木曜日のボジョレーヌーボーの解禁をお祭り気分で楽しみ、ワインも飲んでみようかという人が増えてきたころだった。ボジョレーヌーボーは大手が3500円くらいで酒屋で売られ、レストランで飲むと5000～

6000円というところだった。だから、ワインは3000円以上というのが一般の値ごろ感だったはずなので、当時としては500円の輸入ワインは目新しく、価格破壊のひとつの現象として扱いたいということだった。

飲ませてもらった。「え、これが500円?」という味だった。

個性はないし、香りや色合いはイマイチだったけれど、ワインとして普通においしい。カベルネソービニヨンをメインにしたブレンドワイン。これが500円だったら、毎日気軽に飲むテーブルワインとして、いいなと思った。ヨーロッパの庶民向けのビストロやカフェでの家庭料理を食べるときのハウスワインの位置づけだ。

もちろん、きょうは爽やかに辛口のシャルドネを飲みたい、ブルゴーニュの繊細な味わいの軽めの赤が飲みたいといったことはできないが、ただ、赤ワイン、白ワインが欲しいといったときにはいいのではないかと思ったのだ。同じワインを6本くらい買って、家でガブガブ飲んで楽しんだ。

気取らないワインって、いいのである。楽しいのである。あっというまになくなったので、出かけたついでに買いに行った。そうしたら、もう売ってなかった。売り切れていたのだ。もう入荷するかどうかもわからないと言われた。

09 500円のワインより2000円のワインのほうが断然安いと思う理由

住まいのそばでワインを扱っている食品店に行ってみたら、さすがに500円というのはなくても、1000円以下のワインは扱っていて、800円くらいのワインを何種類か1本ずつ買ってみた。先日飲んだ激安で、そこそこうまいワインは他にもあるに違いない。そんなワインを探してみた。それまではワインの専門店で1本、2000~3000円くらいの予算で買うことが多かった。つまり、同じ値段で3本も4本も買えたのだ。

全滅した。探していた「個性はなくても普通においしいワイン」からはほど遠かった。許容範囲の広い僕にとっても、おいしくないワインだった。我慢すれば飲めるものもあるけれど、中には1杯飲んで、もう勘弁というのもあったが、しばらく探索を続けた。多くの場合は「イマイチ」、ときに「まずい!」、そして、たまに「これは十分うまい」というワインに出会えた。うまいワインに出会えるのは1割くらいだった。

家でまずいワインに出会ってしまうと、僕は声に出して言う。

「このワインには、救済が必要だ」

バッカス(酒の神様)がどこかで見ている。だから、酒好きとしては捨てるわけにはいかない。

赤ワインの救済法は意外と簡単だ。赤ワインに氷を入れ、さらにオレンジジュースで割って即席の甘いサングリアにしてしまうのだ。大概の赤ワインはこれで救済される。僕が作る即席サングリアは、ワイン4に対して1くらいの量のオレンジジュースで割る。これでたいていのワインは飲みやすくなる。ほとんどがワインなので酒でもある。

ただ、サングリアに合う食事はあまりないので、毎回というわけにもいかない。それに、オレンジジュースの比率もワインのまずさに比例して増える。一度などは半々くらいになってしまい、オレンジジュースなのかワインなのかまったく得体の知れない飲み物になってしまった。

「残念ながら、このワインは救済されなかった」

もう完全に酔っぱらっていて、バッカスに謝りながら流しに捨てた。食べ物や飲み物を捨てるのは心が傷む。

空けた瞬間に救済策が必要だと判断すると、救済すべき赤ワインの量はとても多くなる。なにしろほぼボトル1本分の救済なのだ。異様な比率のサングリアジュースになってしまうと救済されないので、別の対策が必要だった。

いろいろと試した。テレビで紹介されてた赤ワイン風呂というのもやってみた。なんで

09 500円のワインより2000円のワインのほうが断然安いと思う理由

もポリフェノールでお肌にもいいとか。まあ話十分の一にしか思ってないが、ボトルを一気に使えるので試してみた。

湯舟に救済が必要なほとんど開けたばかりの赤ワインを一気に流し込んだ。すると、アルコール分が蒸発して何ともいえない匂いになった。ワイン風呂はきっといいものだろうが、僕は風呂にはバスソルトやバスクリンなどの入浴剤のほうがいい。

僕のワイン風呂はどうも間違っていたことも後日判明した。ワイン風呂には、赤ワインを1本まるごと入れるのではなく、グラス1杯分くらいでよかったらしい。湯舟が真っ赤になってしまって、掃除も大変だった。

救済策という点では、焼酎や日本酒はいい。いろんな料理の隠し味に苦手な日本酒や焼酎は活躍してくれるからだ。

そうなのである。ワインを料理に使ってしまえば、救済策になるのだと合点した。そして思い出した。フランスの小さな街のカフェやビストロに食事に入って、この店はあまりうまい料理を出してくれそうにもないなと思ったら、決まって注文するのはブフ・ブルギニオンだった。牛肉の赤ワイン煮。煮込み料理はいちばんハズレのないものだ。肉も高級なものは使わないから価格は安く、そこそこ食える。

そこで、赤ワインの救済のために、レシピを見ながら何回もブフ・ブルギニオンを作ってみた。


しばらくして、1000円以下のワインを買うのをやめた。なかなかおいしいワインに出会えない。15本くらい試して1、2本。ヒットの確率は10パーセントだ。問題は、仮においしいワインに出会えても、それがいつまでも売られているとは限らないこと。値段も変わる。苦労して見つけたワインが、翌年には5割も値段が上がっていたこともあった。

そして、それまでの1本2000〜3000円のワインを買う生活に戻った。

1本2000〜3000円は高級ワインではない。でも、その価格であれば買うときにひと手間かければ、おいしいワインに出会える。ちゃんとしたワインの専門店で、店の人と話しながら探すのだ。それで、たいていはおいしいシャブリ、メルロー、シラーズにたどり着ける。

そりゃ、2000〜3000円のワインより、1000円以下のワインのほうが価格は安い。中には、驚くようなおいしいワインもあるだろう。しかし、そこで、値段以上のワインに出会うためには、いくつも救済が必要なワインの洗礼を受けなければならない。

ワインを開けるときはスリリングだけれど、家でワイン風呂にはもう入りたくない。ブフ・ブルギニオンばかりを食べたいわけでもない。サングリアはときどき飲みたくなるけれども、ワインを救済するためにではない。

こういうわけで、僕は500円といった激安ワインより2000円のワインのほうが断然安いと思うようになった。

うまく話は伝わっただろうか？

いや、まだそんなに飲んでないので大丈夫だと思うのだけれど。最後に付け加えておくと、あれから日本の食卓でもすっかりワインは定着して、円高のときには1500円でもいいものがあるし、2000円以上出すと日本産のワインでおいしいものに出会えるようになった。ヘンテコな付け足しですね。やっぱり、ちょっと酔ってるのかもしれません。

少し異常なセカンドフロア・ラブ
～もしくは、どうして私が下をめざすことになったのか～

10

大学時代に家庭教師のアルバイトをしていた。バブルの時代で4、5人の生徒を掛け持ちして教えていたのだが、それでも教えてくれという人が続出して、高校時代の友人にもバイト先を紹介した。きっと自分には、人に教えたり、伝えるという才能があるんだなと自覚した。

大学時代も終わりが見えてきたころには、預金額は200万円を超していた。生意気な学生でおしゃれな店や、似合わない高い洋服も買っていたし、コンサートや、学生には身分不相応な食事もしていた。それでも200万円あったのだ。

そして、この金は僕の人生に影響をあたえたと思う。僕はこの金で車を買うか、マイホームの頭金にするかで悩んだのだ。会社員になったら、車に乗れたとしても週末だけだと思って、練馬のはずれに建設が始まった大きな団地の1LDKを買うことにした。歩いて5分のところに、「将来は新宿や六本木まで1本で行ける地下鉄ができる」というのが売りだった。

10 少し異常なセカンドフロア・ラブ

いまから30年以上前で、バブルが始まる少し前だった。14階建て。1階は管理人室や自転車置き場などに使われ、2階から14階まで13個の同じ間取りの物件があった。同じ間取りだが、分譲価格は違った。だいたい2100万円から2500万円くらいまでの価格差があったと記憶している。

人気は高層階だ。だから高い。自分も高い階がいいなと思った。ただし、持ってる金は200万円で、残りは住宅ローンになる。30年で返済するとなると、当時の金利では借りた金額の2倍ほどを返済する必要があった。つまり、1000万円借金をすると2000万円返すということになる。

諸費用や管理費、税金、団体信用保険なども本来は考えなくちゃいけないのだが、わかりやすくしよう。頭金は200万円だから、14階の2500万円の物件を買えば、ローンは2300万円、2階の2100万円の物件なら1900万円のローンになる。つまり、販売当初の400万円の差は倍となる。前者は4600万円、後者は3800万円の返済金額となるからだ。この800万円という差を考えた。800万円で30年ということは、毎年26万6000円多く返済することになる。それは毎月2万2000円を30年間多く払うということ。毎月2万2000円高いということは、毎日740円高いということだ。景色のためにこれから30年間、毎日、740円多く払う価値はあるだろうか？　きっと30年もたてば、建替えも考えなくちゃいけないんだし、とも思った。

エレベーターに乗って14階まで上がって、踊り場からまわりを見つめてみた。遠くに新宿の高層ビル、目の前には夏の花火で有名な豊島園があった。そうか、夏には花火もここから見られるってことか。いいな、と思った

毎日740円、毎月2万2000円。スポーツクラブの月会費が7000円、映画を2本、前売り券を1000円で買って見て2000円。それを2人分で1万8000円。残りは4000円。値上がりするとしても、日本経済新聞の毎月の購読料もカバーする金額だ。毎年26万円ということは、3人くらいで安いハワイ旅行、ワイキキのパック旅行に毎年1回行ける金額でもあった。800万円あれば、子どもの高校大学の教育費の大半をカバーもするだろう。

目の前の空地に高層マンションの建築計画もあり、冬至の日には日中に陽が当たらない時間が3時間あると聞かされたが、僕は2階を選んだ。なにしろ同じ間取りで800万円

10 少し異常なセカンドフロア・ラブ

も違うのだ。毎年のハワイ、毎月2本の映画、毎日のスポーツクラブのほうが眺望や夏の花火大会の特等席よりもいいと思った。花火大会はちょっと気にはなったが、人生は選択していくことが必要だった。

住んでみて思ったことは、2階はエレベーターを使わなくても階段で外出できるので、外とのアクセスが楽チンだということだ。しかし、14階までエレベーターを使う人と、主に階段を使う自分と同じ管理費というのはちょっと損だなあと思った。

夏になると、花火大会があった。それだけはやはり悔しいので、なんとか10階以上の人と仲よくなって花火を見せてもらおうと思った。しかし、東京砂漠のマンション暮らしでは、ついに10階以上どころか、同じマンション内に知り合いは誰ひとりできなかった。

買ったマンションは自分で住むこともあったし、人に貸したりもした。返済金額は800万円も違うと思っていたのだが、繰り上げ返済を早々としてしまったので、買ったときに予想した差にはならなかった。

ローンのことばかり話してきたが、このマンションを買ったことで、僕も1980年代後半のバブル経済の影響を受けた。

バブル経済になって、2100万円で買ったマンションは、4300万円ならすぐに売れると言われた。売らなかったが、驚いたし、心中は穏やかではなかった。なぜなら、残りのローンを全額返済しても手元に2000万円くらい残る計算になったからだ。

当初の予想通りにならなかったことは、他にもある。スポーツクラブや毎月2回の映画を2人で見に行くとか、ましてや安いハワイのパックツアーに毎年3人、つまり妻と子どもで出かけるなんてことは一度もなかった。スポーツクラブはひとりで出かけたし、映画は忙しくてひとりでさえ見れなくなった。当初の予想通りだったのは、日本経済新聞を定期購読することだけだった。こうして、思ったほどお金は使わなかったので、その分が貯蓄になった。

5年ほど前にこのマンションを2500万円で売却した。膨らんだバブルは思いきりはじけたが、四半世紀以上も使って買ったときよりも高く売れたのでよしとした。

いま、私は賃貸のマンションに住んでいる。世田谷区内の11階建てだ。上層階に行くと新宿や六本木の夜景が見える。小さいけれども、東京タワーも見える。ほぼ方角がよければ、夏には多摩川の花火大会も自宅のベランダから見ることもできる。

10 少し異常なセカンドフロア・ラブ

同じの専有面積の間取りで比較すると、上層階と低層階での賃貸料の差は月1万円強だ。

私はまた2階に住んでいる。だから、東京タワーも花火も見られない。いまは1万円の差だが、価格がほぼ同じでも2階を選ぶと思う。それは、長いマンション生活の中で2階が好きになったからだ。2階のよさをつくづく感じる。ちょっと言い過ぎかもしれないけど、セカンドフロア愛が芽生えたのだ。

花火も東京タワーも見られないが、いまの住まいには大きな桜の木が3本、ちょうど2階の高さだと部屋の中から見える高さにある。そのため花見の時期は窓の半分くらいがピンク色になる。夏は緑が映え、秋は黄葉していくのも見える。季節があるのだ。

もちろん桜の季節がいちばんだ。冬が終わり、カーテンを開ける時間が長くなり、気温が高ければサッシも開けて春の風を部屋に入れる。そうして、桜を見ながら部屋で酒を飲む。ベランダに出るまでもなく、リビングから見えるのだ。目線の高さに桜の木があるのはとても魅力的だ。

防犯上のことも2階は魅力だ。1階は前の道を歩く人を考えるとカーテンを開けっ放しにできないが、2階ならできる。いざというときのビル火災でも心配が少ないように思う。いまの建物は延焼防止の建築がされているのだろうが、きちんと機能するかどうかは火事になってみないとわからない。たとえば、3階が火事になれば、やはりそれより上層階はやはりこわい。たとえ火が迫ってこなくても、煙は上にいく。

煙や火の手から逃れるために、火災現場のビルから飛び降りる人をテレビ報道で山ほど見た。私がもし3階以上に住んでいて飛び降りるとなると、命が危ないだろう。4階以上だったら間違いなく死ぬ。だが、2階のベランダから飛び降りるのなら、なんとか骨折だけですむような気がしている。まずはベランダからぶら下がってから手を離せば、落下はせいぜい2メートルだからだ。

そんな、いざというときだけでなく、「ああ2階でよかった」と思う日は毎月ある。それは、月に一度はあるエレベータの定期点検の日だ。11階に住んでいる人はたいへんだなとつくづく思う。

また、2階だと家に忘れ物をしたときにも、外に出てみたら、やっぱり傘が欲しいというときでも、すぐに取りに戻れる。11階に住んでいる人が忘れ物をするとどうだろうか？1階にあるエレベーターが11階まで行き、また1階に戻ってくるのに、他の階にいっさい止まらなくても1分20秒くらいかかる。これが、上層階で停止しているエレベーターを1階まで呼んで11階まで行き、1階まで戻るとなるとそれだけで2分だ。

10 少し異常なセカンドフロア・ラブ

忘れ物をしないまでも、一日、一度は外出するということを想定すると、家から出たときと戻るときに2回はエレベーターを利用する。毎日3分ほどはエレベーターで時間を使うことになるはずだ。で、1年365日となると、18時間以上。ほぼ起きている時間の1日分をエレベーターに使っていることになる。それが、もったいないと思うのだ。

仲のいい友人が港区のタワーマンションに住んでいる。38階だったと思う。もちろんタワーマンションだからエレベーターは何台もあるけれど、1年のうち何日分をエレベーターの中で過ごすんだろう。寝坊した朝などの急ぎのエレベーターで、途中階でゴミ出しの人に何度も止められたらイライラするんだろうなと思う。

エレベーターの定期点検も一斉でないだろうから、38階を階段で上り下りするようなことはないだろうけれど、非常時はやはり階段だからたいへんだと思う。何回か遊びに行ったことがある。もちろん眺望はいい。東京湾岸花火大会が部屋から見える。眼下の花火大会はとてもよかったのだが、打ち上げ会場が2020東京五輪・パラリンピックの建設会場になったらしく、2年前から花火がなくなった。とても残念そうだ。私のセカンドフロア・愛はいまMAXになっている。

どうぞ、ご自由にお持ちください

11

「ご自由にお取りください。」

そう書いてあったので、段ボール箱に手を伸ばし、ひとつかみした。もう6年以上前のことで、どこかの公共施設だったたと思う。

それは小さなピンバッチで、2020年東京五輪、パラリンピックの誘致活動のためのそれだった。ピンバッチだとわかって、手を出した。じつは若いころに山ほど一緒に仕事をした東京の民放局のディレクターがピンバッチを集めていることを思い出し、無料ならもらっておこう、そんな軽い気持ちだった。海外に出かけたときも、ちょっといいかもと思うピンバッチが2ドルくらいまで売られているのなら買っておく。ピンバッチのいいところは、小さくて軽い、じゃまにならないところだ。

そのディレクターと会うのは仕事の現場で、それはいまは数年に一度くらいで、いつ会うのかなんてわからないけれど、チャンスがあって渡すと、ちょっとニコっとしてくれる。

11 どうぞ、ご自由にお持ちください

つかんだピンバッチは8、9個あって、ちょっともらい過ぎかなと思ったけれどピンバッチなので小さいし軽い、それに段ボールの中には山ほどあったから、ま、いいかとそのまま持っていたトートバックの中に入れた。

家に戻ったときには、もうそのピンバッチのことは忘れていたが、バックの中身を全部出したときにはもちろん出てきた。もらってきたことをそうして思い出し、ディレクターに渡すのを忘れないように、書棚の隅の新書を並べてある前に置いた。見えるところに置いておけば忘れない。

東北の地震の復興や福島の原発事故の廃炉の最中にある中で、莫大な金を使ってオリンピックをするのか？　という話もあれば、日本が困難なときにあるからこそ、国民が気持ちをひとつにできるイベントが必要だという声もあった。

その後、都知事が招致活動の中で人種差別につながる発言をして問題になったり、それでもテニスをしたり、「お・も・て・な・し」が流行ったりしながら「トーキョー」に開催地が決まった。僕も一緒に喜んだ。オリンピックは始まるとアスリートの素晴らしさですべてを忘れてしまうのだが、そのまわりにいる人たちとその振る舞いにはうんざりする。

なにしろ、決まったあとも、東京都、国、組織委員会での権力争い、招致における賄賂疑惑、膨れ上がる予算、大会ロゴは盗作、東京開催だけれど、埼玉、千葉、神奈川など開催地をめぐっての駆け引き、低予算オリンピックのはずが新施設を作るかどうかで大混乱、なにしろメインスタジアムの設計までやり直しとスキャンダル続出だ。

ちなみに、メインスタジアムの設計は当初決まったザハさんの神殿のようなものと最後まで競い合った日本人2人のSOMAのものが、現代的で日本らしくよかったなあといまでも思ってる。

オリンピックは大きな金が流れるから、そこのまわりにいる人がひと儲けしようとするのはしかたないなあと思うものの、ちょっと欲望出し過ぎだよと思った。それでもアスリートからは、そういう嫌な話が聞こえてこないと思ったら、カヌーで禁止薬物をライバルに混入させたり、女子レスリングで監督とメダリストのあいだで確執が表面化したりで、うんざりする気落ちを鎮めるために、また、相田みつを先生の力を借りた。「人間だもの」、これ、やはり最強の万能薬である。

時間は戻る。2020年の東京オリンピックで気になるのは、やはり東北の復興である。

11 どうぞ、ご自由にお持ちください

一時期は復興五輪とまで言われたのだ。

同じ日本人として東北のことを忘れることはできないし、これだけ電力のおかげで快適な生活を送ってきたのだから、原発の問題は自分の問題でもある。だから、2011年以降は、自分のできる範囲で東北の復興に募金をさせてもらってきた。それでも、久米宏さんやイチローみたいに、ポンと何千万円も出せるわけがない。

せいぜい行きつけの美容院のちょっとヤンチャな若い美容師が、友だちの美容師とともに月曜の夜から徹夜で火曜日の休みに車で被災地に行って髪を切ってくると聞いて、1万円札を「ガソリン代の足しにしてくれ」と渡すくらいだ。

外国の有名オーケストラが来日するとなったら被災地で演奏会は開けないか、その資金は集まらないかとお金持ちに声もかけた。誰も出してくれなかったので、あきらめたけれど。本が増刷になって印税が入ったら、その一部をまわす。ふるさと納税で得した金額の半分を被災地にまわす。とくに被災地で進学でこまっている少年少女たちにまわす。

もうひとつ、自分の使い古したものをまわす。もちろん、そんなものを被災地にまわしたって誰も喜ばない。いちばんいいのは現金だ。30歳ごろに買って20年くらいも使ってきた、吉田カバンの「タンカー」という黒いボストンバックは超定番で3万円しないのだが、

さすがに古くなり、新しいのに買い替えることにした。

また、8、9年前に欧米のブランド品こそ、薄っぺらい自分を隠すのに必要だと思っていたころに、ミラノのあの大ギャラリアのど真ん中にあるルイヴィトンで8万円で買ったカバンは、ショルダーベルトに破れが出てきて、もう使うのをやめていた。ボロボロの商品をきちんと説明し、ネットオークションに出したら、なんと合わせて1万3000円になった。そこで3000円で鮨屋のランチで上にぎりを食べて、1万円を寄付した。

何かすごく得した気持ちになった。いらないものをお金に変えて、未来ある若者をちょっと手助けできた。いつもよりおいしいお寿司でお腹はいっぱい。何より気持ちがすがすがしい。グッド・ジョブ！　小さくガッツポーズしたくらいだ。

オリンピックでスキャンダルが続出し、それでも招致が決まってうれしいというプラスとマイナスの気持ちに引き裂かれそうになっているときに、書棚の隅にあるピンバッチに目がいって、ネットオークションに出してみた。初値300円。初値というのは最低落札価格のこと。「それ以上で入札してください」という価格だ。

翌朝、目が覚めたら1830円になっていた。ちょっとこわくなって早期終了した。無

11 どうぞ、ご自由にお持ちください

料で手に入れたものが、オークションに支払う手数料を差し引いても1600円以上手もとに残る。こわい。そして、本当に振り込まれた。オークションには評価があって、嫌な思いをさせられるとたいへん悪いと評価を受け、ネット上で罵倒される。送ってみたら「たいへん良い」の評価がついた。

そして、書棚にはまだ5個以上ピンバッチが残っていた。次は初値500円で出した。ただ、また、びっくりするような価格になるのも嫌だった。案外小心者なのだ。そこで、即決価格を設定した。この価格までいったら、それで落札。オークションはおしまいという価格だ。言わば、出品者の落札希望価格である。1200円。中途半端である。それが僕なのだ。出したら5分でオークションは終わった。何のためらいもなく、1200円で買ってくれる人がいた。

こうして、「ご自由にお取りください」は自分の持ちものも同時に売ったので、1万5000円以上の現金に変わった。1万円を寄付して、寿司屋に行って「5000円で何か食わしてくれ」と言った。

寿司を食いながら、僕は小学生の終わりから高校受験の前まで集めた映画のチラシのこ

とを思い出した。映画のチラシは、いまでもあるから映画館で映画を見る人はわかると思うけれど、B5サイズで表はだいたい映画のポスターと同じデザイン。裏面は作品の解説やあらすじ、みどころ、主演キャスト、監督やスタッフの名前が掲載されている。あとは前売り券の値段、公開予定日、上映映画館名といった情報も書かれている。

これが、映画館に行くと無料でもらえるのだ。映画のポスターのデザインはたいていがすごく凝っていてカッコいい。だから、チラシもカッコいい。僕は映画を観に行くと1枚でなく、ときに5枚ほどもらって、大切に厚紙にはさんで折れないようにして持って帰る。そして、クリアファイルに入れておく。

僕が中学時代の1970年代は、そのチラシがブームだった。

新宿の甲州街道と明治通りの交わる新宿四丁目交差点、つまり新宿伊勢丹のすぐそばだ。その交差点にある雑居ビルの1階に、かつて「シネマブティック鷹」という店があった。そこではポスターやプログラムなど映画関係のコレクションを売っていたのだが、その店の前のスペースが子どもたちのたまり場となっていた。

毎日曜ごとにチラシの交換会があった。交換会と言うよりも、もはや市である。2、30人くらいの小学高学年から高校生くらいまでの少年が集まっていた。ときには大人も数人

11 どうぞ、ご自由にお持ちください

混ざる。そこで、持っていないチラシを自分のコレクションの中から交換してもらう。これこれを欲しいといって、僕のクリアファイルを渡して交換してもいいものを選んでもらう。こうして選ばれると、なくなってしまうので、映画館で5枚くらいもらってくるのだ。どうしても欲しいものはこちらから2枚とか3枚差し出して1枚もらうという感じ。

人気のチラシは、みんな欲しがる。スティーブ・マックインとポール・ニューマンが初共演し（実際はマックイーンが無名時代にニューマン主演の映画にちょい役で出たことがあるが）『タワーリングインフェルノ』とか、スピルバーク監督の名前を不動のものにした『ジョーズ』のチラシなどは映画も大ヒットしたおかげで、チラシも大人気だった。

チラシファンはたいていB5の透明なプラスチックやアクリル板のあいだにチラシを入れて、そのときにいちばんお気に入りを持ち歩いた。下敷き代わりに使えるので、学校にも持っていった。それを見て「あ、それ僕も見た！」と映画の話が始まる。子どもたちは仲間はずれは嫌なので、映画を見に行く者もいた。チラシファンだけでなく、普通の少年たちも下敷き代わりに映画のチラシを入れたアクリル板は大いに流行った。

コレクションを始めると、欲しいものがどんどん出てくる。『タワーリングインフェルノ』は高層ビルが火事になるサバイバルのパニック映画、その少し前には豪華客船がひっ

くり返る『ポセイドンアドベンチャー』という映画があった。牧師役を務めたジーン・ハックマンの出世作だ。その映画が公開されたころはまだチラシブームでなかったので、そのチラシを少年たちは手に入れたがっていた。あるときから、チラシとの交換だけでなく、中には売買する少年も現われた。

僕はここでお金を使い始めたらおしまいだと思って、必死に映画館でチラシをもらって交換した。何しろ小学生のころの僕のこづかいは1か月500円だった。映画を見るのにお金を使うのはいいが、チラシには使いたくなかった。初めは新宿で映画を見るときだけ行っていたのだが、だんだん交換市に行くために新宿で映画を見るようになった。

ときたま名画座（ロードショーでない映画をロードショーの半額以下で見せてくれる）でもチラシを作ることがあって、一番人気の映画のチラシを見つけて鼻血が出そうになった。ただし、このチラシには映画館名が印刷されていなく空白だった。映画のチラシマニアでは、映画館の名前は重要だった。「テアトル東京」や「ミラノ座」「有楽座」「みゆき座」など一流映画館の名前が印刷されていると、一段価値が上だとされた。

名画座で一番人気のチラシがあった。みんなが群がるのが目に浮かび、映画館のおじさんに叱られないかちょっと不安に思いながら、僕はけっこうガバッと取った。映画が始ま

11 どうぞ、ご自由にお持ちください

る前と、終わって帰る前の2回取った。きっと30枚以上取ったはずだ。

それは、シルビア・クリステル主演の『エマニエル夫人』のチラシだった。ほとんどの少年はその映画を見たことはなかったのだが、やはりエロは最強だった。翌週、「シネマブティック鷹」の前で、僕は前からどうしても欲しかった『スティング』『ブリット』『ゴッドファーザー』『2001年宇宙の旅』などの神チラシを手に入れた。

「シネマブティック鷹」の交換市には高校受験が本格的になったころからだんだん行かなくなったが、チラシ集めは30歳近くまで映画館に行くたびに続けた。僕のところにはそうして集めた映画のチラシが2000枚くらいある。何回も捨てようと思ったけれど捨てられない。なにしろ1970年代のチラシだ。もう40年も前のものである。きっと価値があると思っている。そして、少年のころの思い出がある。

ご自由にお持ちください。

私は、その言葉にどうも弱いようだ。ちなみにピンバッチ好きのディレクターにはまだ会っていない。書棚の隅にはまだ例のピンバッチが2個残っている。

12 映画と中間テスト。あと、『エマニエル夫人』

10代のころのいちばんの娯楽は、映画館に映画を見に行くことだった。

中学に入り、年に5回ある中間と期末の定期テストこそが、ひとつひとつ乗り越えなくちゃいけない山となった。英単語や世界中の地名や微積分に取り組んだ。習ったことを機械のように頭に刷り込んでいく。楽しいわけがなかった。

難関の公立高校を第一志望として受験しようと思っていたので、通信簿の成績はそのまま内申点として入試結果に直結する。だから、学校の定期試験は入試と同じ重要性を持っていた。10代前半の少年は、日本が学歴社会であり入試は人生がかかってる大切なことだと思ってた。天才少年でなかった僕に必要だったのは、いちばん嫌いな努力だった。

いまから思うと何かクラブ活動をしておけばよかったと強く思っているけれど、少年時代の僕にはそんな余裕がなかった。たいへんなことをいくつもするなんてことは、怠けものの僕にはできなかった。

12 映画と中間テスト。あと、『エマニエル夫人』

そして、つらい勉強を乗り越えるためには何か楽しみが必要で、それが映画だったのだ。映画を見るのが何よりも好きだった。小学6年生から自分で映画館に行き、映画を見るようになった少年時代の僕は、日々の生活に映画鑑賞というイベントを組んでいた。そして、映画の興行は勉強のリズムとうまく合ってもいた。

みんなが待っている話題の大作映画は、映画会社にとってもかき入れ時の夏休みと年末、もしくは春休みに公開される。それは、学期末試験が終わったあとだ。つまり、少年の僕にとって、ひとつの山を越えたあとにお待ちかね映画が待っていることになる。努力、テスト、楽しみが順ぐりにやってくるわけだ。

お楽しみ映画、映画会社が社運をかけるそんな話題作は半年くらい前から、キレイな映画のチラシを映画館で配布して宣伝する。チラシの多くは映画のポスターをB5判のサイズにほぼ縮小したものだ。裏には映画のあらすじ、キャスト、スタッフ、アメリカなど海外でどれだけ人気を集めているのか、どの映画館でいつから上映するのか等の情報が載っていた。

映画のタイトルはもとより、キャストや監督名、あらすじ、映画のみどころ、セールスポイントもあっというまに頭に入るのに、なんで英単語は入ってこないんだろうと思っていた。映画のタイトルに使われる英単語はすぐに覚えられる。だから『タワーリングインフェルノ』はそびえ立つ地獄、『ジョーズ』はアゴ、『大地震』という映画のおかげで試験には必要のない「地震」(earthquake)もすぐに覚えた。

『大地震』の主役はチャールトンへストンで、『猿の惑星』だけでなく『ベンハー』という映画のことも知り、モーゼの十戒のことも『大地震』という映画の延長線上で知った。他に『華麗なる激情』ではルネサンス時代のミケランジェロというイタリア人の画家を演じ、そこから、バチカンのことや、システィーナ礼拝堂の知識もついていった。そうやって覚えていく知識は楽しく苦労もないのに、なぜ歴史の年号や、川や山脈の名前を覚えるのはたいへんなんだろうと思った。

定期試験が終わったら見ると決めている映画でも、いちばん楽しみにしている作品のチラシを透明のセルロイド板にはさみ、下敷きがわりにした。定期試験までテスト勉強をがんばろう。そして、それが終わったらこの映画を見に行こう。そうやってがんばった。

映画を気持ちよく見るためにもいい成績を取ろうと思って勉強した。そういうお待ちかねの映画のチケットは事前に買ってもおく、当時はロードショーでも中学高校生の前売り

12 映画と中間テスト。あと、『エマニエル夫人』

券は500円以下と安かった。

　もちろん、期末テストのあとにお楽しみの映画を数本見るだけで、がんばれるはずはなかった。楽しみは多いほうがいい。こうして日常から映画館通いが始まった。どの映画を見るかは自分で決める。その情報も映画のチラシから得るのだが、すべての映画のチラシを集められるわけではない。

　洋画雑誌『スクリーン』と『ロードショー』を毎月購入し、自分の好きそうな映画を見定めた。本当の映画ファンは『キネマ旬報』を読むものとなんとなく知ったあとも、『キネ旬』の映画評論のむずかしい文字記事よりも、写真がメインで多くの人が見て楽しめる映画の情報に重点を置いていた雑誌『スクリーン』と『ロードショー』を愛読した。

　雑誌には、東京の主だった映画館で上映が決まった洋画は、ほぼすべて掲載されていた。写真と解説、記事を見ながら、これは見よう、これは見なくていいやと選別。両雑誌ともわかりやすく、多くの人が飛びつく娯楽大作はカラーで何ページも紙面をさき、芸術映画などは白黒写真で1ページ、ときには半ページで触れるだけだった。

さらにＴＢＳラジオで毎週月曜日の夜に放送していた映画評論家の淀川長治さんの『映画の部屋』を聞いて、どの映画を見に行くかの参考にしていた。淀川さんのメイングラウンドはテレビ朝日の日曜夜9時からの『日曜洋画劇場』であるが、そこでは、その夜にテレビで放送する映画の話しかしない。しかし、ラジオの『映画の部屋』では、これから映画館で上映される映画の話をするのだ。

いまのようにＤＶＤなどで家庭でノーカットの映画を見ることはできない時代だ。映画は映画館で見る時代。もちろんテレビでは毎日のように映画が放映されていたが、吹き替えで途中にコマーシャルが入り、大幅なカットがされることが通例だったので、映画ファンとしてはそこで未見の映画に出会うのはできることなら避けたいと思っていた。なにしろ当時は『スターウォーズ』や『ジョーズ』のような人気映画でも映画館での上映が終ってしまったら、5年後くらいにリバイバル上映されることがない限り、もう二度と見ることはできなかった。

だから、見たい映画は映画館で全部見たい。しかし、そのためには子どもの小遣いでは工夫が必要だった。

映画館でポップコーンを買って食べながら見るという贅沢はしなかったけれど、映画の

12 映画と中間テスト。あと、『エマニエル夫人』

入場料と交通費はいるし、映画鑑賞の証拠であるプログラムは欲しかった。すると、けっこうな金額になる。見たい映画を全部見るために、平均コストを落とした鑑賞が必要だった。

当時の映画興行は、1本の映画をまずは一番館でロードショー上映されたあと、下流映画館、つまり二番館、名画座という流れで上映されていくことになっていた。下流に行けばだんだん入場料は安くなる。だから、この映画を見ると決めたあとでも、一番館でロードショーで見るのか、それ以外の映画館で見るのかを決めた。そうやって定められたこづかいの枠内で、見たい映画をすべて見た。

ロードショーの一番館は、日比谷や新宿、渋谷などの名門映画館。日比谷映画、スカラ座、みゆき座、ミラノ座、新宿ピカデリー、東劇、新宿プラザなど。一番館は差はあるものの画面は大きく、音響はまとも。座席もよかった。

ただし、シネラマ上映ができる京橋のテアトル東京は別格だった。ここのスクリーンは一番館の中でもどでかい。横幅も広い。大人になって世界中で映画を見てきたが、やっぱりあのテアトル東京のスクリーンは、どでかかった。テアトル東京では映画館の後方に座らないと、スクリーンを視界に収められない。原則は右左と首を振り、字幕を追いかけながら鑑賞する映画館だ。さらに、他のロードショー映画館と違って入れ替え制だった。いまの多くの映画館の上映方式と同じだ。

テアトル東京では映画の上映に遅れずに行き、終わったら帰らなくてはならない。もちろんいい映画館だと知ってはいたのだが、京橋と遠かったこと、僕は面白い映画はそのまま居残って2回続けて見たかったので、ほとんど行かなかった。

テアトル東京に最初に映画を見に行ったのは『ジョーズ』でスター監督となったスピルバーグ監督の『未知との遭遇』だった。翌年公開された『スターウォーズ』（現在は「新たな希望」という副題のつくいまのエピソード4）は、前売り券が別格扱いで他よりも高くなったこともあって、2回は見ると決めていたので入れ替えのない新宿プラザに見に行った。新宿歌舞伎町のど真ん中、いまと同じく風俗街のど真ん中にある映画館だ。猥雑な日本の風景の先に華麗な宇宙戦争が待っていたのが面白かった。

ロードショーの公開が終わると、映画は二番館に流れる。二番館は新宿、池袋といった繁華街だけでなく、吉祥寺、荻窪、五反田、大塚といった場所にもあった。そこでは、ロードショーより安い入場料で見られた。さらに2本立てなので、1本あたりのコストは半分以下とお得感が増す。

12 映画と中間テスト。あと、『エマニエル夫人』

二番館の上映のあと、最後は、入場料がもっとも安い名画座となる。僕がよく通った池袋の文芸座は200円で2本見せてくれた。地下は邦画、1階は洋画の2本立てだ。ただ、床がべとべととしていたり、イスのスプリングが音を立てたり、とくに地下はトイレの匂いがすることもあり、苦手だった。週末にはオールナイトで何本も映画を上映する企画があったが、あそこで（あの匂いのする場所で）大人は朝まで映画を見るのか、すごいなあと思った。

僕がいちばん好きだったのは、名画座の中ではとてもいい環境で見られた渋谷の全線座（いまのビックカメラや東急系のホテルのある場所にあった映画館）で入場料は300円だった。全線座はかつてはロードショーの映画館だったので、名座座の中ではきれいで立派な施設だったのだ。

名画座では、淀川さんがラジオで30分以上もかけてほめまくったけれど、自分ではまったく見たいとは思わなかった映画も見にいった。チャップリンの『黄金狂時代』と『ライムライト』、いまではもっともお気に入りのイタリアのフェリーニ監督の傑作『フェリーニのアマルコルド』は、母親推薦の『フェリーニの道』とともに文芸座で200円で見た。

邦画なら『砂の器』に泣いた。佐藤君は大人になったら映画評論家になるんじゃないの？　そう友だち（好きだった女の子含む）に言われていたので、淀川さんが強くすすめる映画は見ておかないとと思った。それでも、イタリアのビスコンティ監督作品はまったく面白いと思えなかった。ビスコンティを面白いと思うのは40代後半になってからだ。

1本100円。一度に見るのだから交通費もその分浮いた。本当に助かった。

こうした安い入場料だったからこそ、「ライムライト」や「フェリーニのアマルコルド」を映画館で出会えた。いまから思うと、名画座で見ようか見まいか悩んだ映画がいちばん心に残っていたりする。

ただし、すばらしい映画ではあったけれど、ロードショーと二番館などでさんざん映写機にかけられてきたフィルムでの上映だから、途中でよく切れた。上映の途中でフィルムが切れてスクリーンが真っ白になり、上映が途切れるのだ。中にはすでに一度フィルムが切れたのだろう、つなぎあわせているので、数秒分だけなのだが微妙に画面が跳ぶ。もちろんストーリーはわかるのだけれど。

名画座で上映されるものは、一番館での公開が終わって半年くらいは経ってからなので、もう話題作ではなかった。その点で、二番館は違う。ロードショーの興行が終わって

12 映画と中間テスト。あと、『エマニエル夫人』

1、2か月後に上映される。二番館は名画座ほどには汚くはないが、ロードショーの一番館とくらべると、さびれてた。スクリーンもそれほど大きくない。2本立てだから、1本300円くらいで見たことになる。「この映画は名画座になってから見るんでいいや」と思っていると、ときどき肩すかしをくらった。ヒット作はこの2番館の公開が最後になることもよくあった。とくに大ヒットした話題作は、二番館止まりで終わり、1年後くらいにロードショーの一番館で「ご希望の声に応じて再上映」となったりする。

二番館で見過ごして、見たい映画を1年待って、ロードショーと同じ入場料で見るのは悔しい。それに、ニュープリント上映とチラシにない限り、前の公開で使ったフィルムをそのまま使うので、ロードショー館なのにフィルムが切れたりする。そういうのは、名画座だけで勘弁してくれよと思った。

二番館の上映は入場料はそこそこ安いが驚くほど安いわけでもないので、2本立てのプログラムをずいぶんと考えていたと思う。オカルト映画の超ヒット作『エクソシスト』と『サスペリア』や『ローズマリーの赤ちゃん』を組み合わせるといったように、同じ傾向の映画の上映があったり、『スティング』と『明日に向って撃て』など同じスターの出ている作品を2本立てで上映したりする。

後者の場合は、ポールニューマンとロバートレッドフォードが両方に出ているわけ。ちょっと変わり種の組合せとしては、話題作とちょいH映画というのもよくあった。『アランドロンのゾロ』と『新・個人教授』は2本立てで見たと思う。後者の主演はナタリードロンだったから、ドロンつながりなのかもしれない。

しかし、ミュージカルの『マイフェアレディ』と『家庭教師』の組合せはどう考えてもおかしい。マイフェアレディで、オードリヘップバーンの貧しい家庭出身の女の子が言語学者ヒギンズ教授に出会って駆け上がっていくシンデレラストーリー。映画史上に残る大傑作だ。いっぽうで『家庭教師』は濡れ場が売りのポイントのちょいHな映画だった。画面全体が鮮明にボカシが入った。

『エマニエル夫人』は見に行かなかったが、同じシルビアクリステル主演の『卒業試験』は、話題作とH映画の2本立てで見た。もう1本は何だったか覚えてもいない。なにしろ鼻血が出た。どちらも見たかったはずなのだが、『卒業試験』のシルビアが強烈だったのだろう。僕も思春期だったというわけだ。

13 「お客様は神様です」とは客が言ったり、思ったりするものではない

「佐藤さん、ちょっとこれ味見してみてくださいよ」

近くのとんかつ屋で、ときおりそんなサービスをしてくれる。

出てきたのは、海老とサーモンのチャーハンである。あんかけソースもかかっていて絶品だった。とんかつや串揚げの店なのだが、親会社の外食部門にはラーメン屋や中華もあって、店で働いている社員は中華料理で働いた経験もある。だからうまい。

「うまいねぇ、こんなの出してくれると、きょうもとんかつ食わないな」

「甘エビを使ってしまいたかったんです。すいません」

ときには、もう一杯飲もうかどうか悩んでいたら、「これ、業者が見本で置いていった日本酒なんですけれど、飲んでみますか？」。

うまいモノを食べてもらいたい、店にいる時間を楽しんでもらいたい。そんな心づかいをしてくれる店を何軒か持っている。バー、居酒屋、鮨屋、焼鳥屋、フレンチやイタリア

ンもある。おのずと、その店に通う回数は増えるのはしかたない。ひとつ星、ふたつ星の味の店でも、自分にとっては居心地のいい三ツ星レストランになる。

最近、そんなよくしてくれる店が増えてきた気がする。そういう店なら、人を連れて行くときも歓待してくれるので、気持ちよく会食をすることができる。

有名レストランガイドの星付きレストランも嫌いでない。いや、むしろ好きだ。しかし、初回のときにはそこにどうしても店と客とのせめぎ合いのようなものがあるものだ。これだけ払うんだからと、それに見合ったうまいもの、いいサービスを期待する客。その客を、まるでねじ伏せるかのように隙のない料理とサービスでがんばる店側。そういう緊張関係もときには悪くないけれども、それが日常だと疲れてしまう。

思えば、私によくしてくれる店は自然にそうなったのではなく、そういう関係をつくろうとしてできたものだと気がついた。こちらも人間、あちらも人間。あたりまえのことだけれど、どうも、かつては消費者のひとりとして、あの言葉が身体と心のどこかでにじみ出ていたようだ。

「お客様は神様です」

神様と人間でなく、人間と人間の関係として付き合う。私の場合は自分の中からこの「お

13 「お客様は神様です」とは客が言ったり、思ったりするものではない

客様は神様です」という気持ちを完全に捨てることから始まったと思う。客と店は対等なのだ。おいしい料理を出し、それに対して対価を払ってる。それだけのことだ。あとは、お互いに人間なのだから、気持ちよく時間が過ごせるようにお互いが気を配ればいい。

ときに、鉄人なのか炎の料理人なのか知らないが、食わしてやってるという態度で、いばりくさったラーメン屋などがあるが、二度と行かない。外で並んでまでその店で食べてみたいという客が店に入ったときに「お待たせしました」と言えない店もお断りだ。人としての配慮がない。

反対に、お客のほうも少し配慮をする。お客にリピートしてほしいから、ドリンク券や割引券などのサービスチケットをくれることがあるが、前に街の小さな個人経営の店に老婆が満員のときにやって来て、450円の生ビールサービス券を使って210円の枝豆だけを注文して小一時間いたことがある。

老婆は「私は客だ、金を払う客なのだ」という態度で、堂々と210円だけ払って帰っていった。そのあいだに店は、多くの客に「満席なので」と頭を下げ、帰している。そんな店側への配慮のない下品なことはしたくない。

「お客様は神様だ」という気持ちを客側が思ったら、おしまいなのである。これは、きっと店側だけが言っていい言葉なのだ。もっと言わせてもらうと、嫌な客、ケチな客に対しても、客商売をする側として本音が表に出ないようにするためのおまじないとして、心の中で唱える言葉なのだと思う。

店が混んでいれば、さっさと切り上げる、「きょうは売り上げが悪そうだなあ」と思ったら、ちょっといいワインを注文する。もしくは、閉店時間が近かったら、一杯くらいごちそうする。おいしい料理にはおいしいと伝え、いいサービスには感謝の気持ちを表わす。

日本にはチップというものはないけれども、かつてはそこそこの料理屋では仲居さんや給仕の人に心づけを渡したものだ。だから、貸し切りで店を使ったときなどに思った以上にサービスをしてくれたり、会が盛り上がって予定の時間を過ぎて店を使わせてもらったとき、「昨年は楽しく歓待してくれて心地よかったなあ」と思った正月などに、ちょっとした心づけを渡す。それが、次の関係もつくってくれるのだ。

美容院は、きれいな女性をより魅力的にすることをしたい人たちが集まって仕事をしている。そんな美容院で働く新人の仕事は過酷だ。1日じゅう立ち仕事で、給料は安い。手が荒れる者もいる。だから、せっかく美容学校を卒業して職に就いたとしても、長続きす

13 「お客様は神様です」とは客が言ったり、思ったりするものではない

る若者は少ない。それが、こんなおじさんにも一生懸命にシャンプーをしてくれる若者に「じょうずだね、さっぱりしたよ」と笑顔で伝える。旅行に行ったら、ちょっとしたお菓子を買ってくる。「きょうはいそがしくて昼ごはんが食べられなかった」という話を聞いたら、近くでファストフードの差し入れを買って戻ってみる。

整体の店は施術時間でチャージされる。自分のようにでかくて身体がかたい人間も、同じ料金だ。施術してくれる人の疲労を想像すると、もうしわけないと思う。それなのに、私の担当は「きょうはすごく凝ってますね、仕事がいそがしいんですか？」と言って、ときに黙って時間を延長までしてくれることがある。ありがたい。感謝でしかない。

担当は、酒好きなので、ときにうまいボトルをまわしたり、こちらも年末には「感謝」と書いてポチ袋を渡す。期待以上のサービスをしてくれたことに、消費者としてきちんと対応するのはあたりまえのことだ。

店に予約の電話を入れたり、店の扉を開くときに、単なる顔なじみというだけでなく歓迎されていると感じられる場所を持っていることは、大人の喜びだといいたい。

私は、自分がどれだけの資産を持っているのかをまわりに吹聴するがごとく、金ピカの生活を送るための経済力を欲しいとは思わないが、自分が時間をすごす場所でちょっとし

た交流をする人たちに対する配慮を、言葉だけでなく形にするだけの少しばかりの経済力は欲しい。

今年も、もうすぐ熱い夏がやってくる。私の住むマンションの玄関には500ミリリットルのミネラルウォーターを何本か置いてある。缶コーヒーもある。これらは、宅配、郵便局、集金などで訪れた人に「ありがとう」の言葉とともに1本渡すことにしている。みなさん、たいへん喜んでくださる。

夏になると、それらを玄関でなく冷蔵庫に入れて冷やしておき、インタホーンが鳴って応対したら、冷たい飲み物を出して渡す。このところ続く酷暑の夏の昼間に外で働いてくださる人がいるから、日本のシステムは機能している。

仕事だから届けてくれるのがあたりまえでなく、ちょっとした心づかいをしてみる。私の家にそんな用事があって来た人が、笑顔で帰っていくのを見るのが何よりもうれしい。

そして、私は思っている。料理屋の、美容院の、整体の、宅配の人たち。あの笑顔で働く人たちこそ神様だ。

14 若者よ、スマホを捨てて、街に出よう！

その山肌にはこの数か月で幾千、幾万ものテントが張られた。何万人もの人が住み、まるで静かな国境沿いの山に突如生まれた蜃気楼の街だった。テントの多くはUNHCR（国連難民高等弁務官事務所）の刻印があった。

そのテントに入ると、他のテントと同じように男がお茶と焼きたてのナンを振る舞ってくれた。男は4人の家族の家長だった。他に子どもが3人いた。つたない英語が話せたので、他の場所よりも比較的長くいた。しかし、たとえば出身地も家族のファミリーネームといった固有名詞もなじみがない、とても難しいものだからか、会話は途切れがちだった。僕があまり理解していないのを、相手は察知し、がっかりした顔を見せた。

十分な時間を過ごしたと思ったので、僕ができるだけ和やかな顔を見せて、立ち去ろうとすると、男は僕を引き止めた。そして、布で隠していた十字架を見せた。

「私たちはキリスト教です。どうか連れて行ってください」

そう言ってるのはわかった。それまでの平静な雰囲気をなくし、十字を切っていた。僕の肉体に触れることはなかったが、すがろうとしていた。僕がこまった顔をすると、幼い子どもを前に出し、英語ではなく彼らの言葉で話し始めた。そこには強い感情がこもっていた。きっと「この子だけでも連れて行ってください」と言っていたのだと思う。

これ以上、感情を露にされると状況がどうなるかわからないので、僕は振りきってその場を離れた。興奮する父親に、小さな男の子は声を上げて泣いた。東京から持ってきた明治の板チョコを子どもに渡す。テントを離れても男の声は聞こえたが、距離が離れて聞こえなくなった。時計を見ると帰還の時間も近かったので、山の中腹から離れ、幾千ものテントの先にある鉄条網の中に注機していた軍用ヘリコプターに乗り込んだ。

1991年の春。イラクとトルコの国境沿いの山々には、イラクのフセイン政権のサリンでの迫害を逃れて来たクルド人たちの難民キャンプができていた。遠い中東で起きた戦争が、日本の国内の政治や経済に大きな影響を与えた。イラクに侵攻され、湾岸戦争を終えたクウェートは、欧米の大新聞に戦争に参加した多国籍軍の国々に感謝の広告を出したが、1兆円以上の経済援助をした日本の名前はなかった。当時の自衛隊はPKOにまだ不参加で、国内では与党を中心に人的貢献が必要だと語られ始めていた。

当時の僕は、銀行を辞めて小さな金融誌の記者として試用期間中だった。国が募集した短期の国連ボランティアに応募し採用されたので、辞表を出して参加した。どうせその出版社に勤めるのは長くはないとも思ってた。難民キャンプでは、食料を配ったりという作業以外の時間のほとんどを難民キャンプ内をできるだけまわった。僕はまったくの無力だったが、日本人が来ていることをアピールもした。

幼い子どもが大きなポリタンクに水を汲み、家族のいるテントに向って歩いている。水辺では、少女が衣類を手で洗っている。多くの子どもが着ている服は援助物資で、日本のアニメキャラクターのものがとても多かった。日本からの援助物資が彼らをこうして救っているじゃないかと確認できた。何もできない僕は、ひとりでも多くの難民と接してこの体験を日本に持って帰ろうと思った。

29歳の最後の日々を、僕はそんなふうにして過ごした。

ヘリコプターに乗った僕らを、鉄条網の外から子どもたちが見つめていた。プロペラが回りだすと、子どもたちを蹴散らすように砂埃が舞った。最後まで残っていた少年に、僕がカメラのレンズを向けると、ファインダーの中で少年は笑ってくれた。自分がこの世に生きている痕跡を残せることを喜んでいるようだった。

ヘリコプターが地上を離れた。何万人もの人がその山の中腹で過ごしていたのだろう。そこが臨終の地となった人も少なくなかった。盛り土がいくつもあったのだ。山を越えるとテントの集落はふとなくなる。ヘリから見える生きものはヤギくらいで、それはいつもののどかな風景だった。木の生えていない岩肌の山と砂漠に近い大地が広がる。どこが国境なのかはよくわからなかったが、その見えない線が人々の生死を分けていた。

テントで出会ったあの男は、欧米社会の神を信じていることを伝えれば特別扱いされ、救われると思ったのだろうか、最後まで妻らしき人はいなかったが戦禍をまぬがれたのだろうか、そして、あの幼い子どもは泣きやんだだろうか、いろいろと思った。

短いフライトでトルコ南端の街の米軍キャンプにヘリは降り、他の国連や国境なき医師団の人たちと国境沿いのシロピ村まで送ってもらった。その村はトルコとイラクを結ぶ幹線沿いにある村で、いくつかトラックドライバー向けの安宿があった。平和なときはその幹線で両国を結び、物資を運んでいるのだ。

宿は1泊20ドルだった。欧米人が押しかけたので相当吹っかけた価格だ。毎晩帰ると、

14 若者よ、スマホを捨てて、街に出よう！

宿主はへりくだった笑顔で「あとどのくらいいるのか」と尋ねてくるのが常だった。

土壁と同じ素材でできた床に敷かれたマットレスに身体を横にする。天井にはまるい穴があいていて、昼間はそこから日光が、夜はそこから月明かりが入ってきた。まるい窓の先にはモスクの尖塔であるミナレットが2本見えた。ときどきコーランが聞こえてきた。僕はその窓からお月さんを見上げて、日本と変わらないことを確認した。

シロピ村はトルコ領内にあったが、国土を持たないクルド民族の居住地域だった。つまり、難民はイラク領内のクルド人で、シロピ村の人たちはトルコ領内のクルド人だった。

朝になると、靴磨きの子どもが僕のティンバーランドのデッキシューズを磨かせてくれと毎日追っかけてきた。毎日20円で磨いてもらった。泥だらけの小さな手で、靴墨で手をさらに汚しながらボロボロの布切れでていねいに磨いてくれた。

僕がショックだったのは、彼らは村で平和な日々を過ごしていたが、少年の着ている服はボロボロで、靴は紐で結んでいないとバラバラになってしまう代物だった。難民キャンプの支援物資で暮らしている難民たちのほうが、ずっとまともな衣類と食事をしていた。

もちろん単純な比較はできないが、複雑な気持ちもったことをいまも強く覚えている。僕はその少年にも、東京から持って来た板チョコを渡した。明治の板チョコがとびきり甘い宝物とわかると、難民と村のどちらの子どもも小躍りして喜んだ。そして、まわりの友だちに細かく分けた。そのやさしさを見て僕は泣いた。

撮影した子どもたちの写真は、国連のカレンダーやクリスマスカードに採用された。そして、日本国内のいくつかの写真コンクールで賞ももらった。ひとつはNHKの雑誌『ステラ』が募集したもので、賞金で新しい一眼レフカメラを買った。イラクに持っていったカメラは砂埃で完全に使い物にならなくなったからだ。他にもいくつかの作品が賞をもらった。自分としてはシロピ村の子どもたちの写真も悪くないと思ったのだが、採用されたのは、難民キャンプで生きる子どもたちのものだけだった。

あれから4半世紀が経った。あのころの子どもたちは、元気に育っていれば立派な成人だ。しかし、その後もクルドの人たちは多くの紛争や戦争に巻き込まれてきた。イラク国内のイスラミックステート＝ISとの戦闘でクルドの若者が戦っていると報道される。もしかしたら、あのときに生き残った子どもたちが銃を持って戦ってるのではないかと思ってしまう。

僕はサラリーマンだった銀行員時代と、メディアに出てフリーランスとして仕事をする

14 若者よ、スマホを捨てて、街に出よう！

ようになったちょうど中間に、そんな体験をした。あの経験がなかったら、僕の人生はきっと違っていただろう。あのキャンプでの数日が、30代の自分を後押しをしてくれた。そうでなかったら、30歳になりたての普通の会社員の息子は、人生の次の選択を給料のいい会社、安定感のある金融機関のどこかに委ねたはずだ。そして、いくつかの欧米の金融機関からの採用通知のひとつにサインをして、またお金の世界に戻っていただろう。

命からがら国境沿いまで逃げて来たクルドの難民たちのたくましさを見て、目の前のいくばくかの給料だけで自分の人生を決めることをしなくてもいいのだと思えた。それよりも、自分がやってみたいことをやったほうがいい、少なくともチャレンジしたいと思った。不安で数か月はもやもやしたが、半年後には別の道をよちよちと歩み始めた自分がいた。

自分で強い意志を持って人生を切り拓いていく人もいるとは思う。でも僕にはそんな胆力はない。自分を変えてくれる経験が必要だった。そんな人は他にもいるだろう。だから、未来を自ら切り拓きたいと思っている若い人たちに言いたい。

若者よ、そして、若い心を持った大人たちよ、書を捨てて、街に出よう。いや、書は持っていったほうがいい。スマホを捨てて街に出よう！

15 12月26日のクリスマスケーキ

いまは「スイーツ」とかいうらしいけれど、ケーキは子どものごちそうだ。刺身のうまさやステーキの分厚さに喜ぶのは、中学に入るころからではないか。それまでは、やっぱり甘さこそが子どもにとって、もっともおいしいもの、味覚の王様なのだ。少なくとも昭和36年、1961年生まれ、平均的サラリーマンの家に生まれた僕にとって、ケーキは特別なときにのみありつけるごちそうだった。

もちろん住んでいた町にはケーキ屋さんがあって、店の中に山ほどのケーキが並べられているのを、幼稚園や小学校の行き帰り、ショーウィンドウのガラスに顔を思いきりつけて、眺めたものだ。

「ケーキ食いたい、ケーキが欲しい。僕には甘さが足りない」

中にいる店員さんがニコニコしているので、子ども好きなんだなと思っていたけれど、いまから考えると、小太りの子どもが両手と顔を思いきりガラスにつけてケーキを眺めて

15 12月26日のクリスマスケーキ

いる姿は、中からみると鼻がブタになった子どもが窓からケーキを欲しそうな気持ちを露にしてのぞきこんでいるわけだ。ブタ鼻からの息でガラスが白くなっているのを見て、笑っていたのかもしれない。

親に手を引かれて歩く幼稚園児のころ、ケーキ屋さんの前では歩みは遅くなる。奇跡が起きて親がケーキを買ってくれると言うかもしれないと、毎回期待したのだ。

ときおり家に来るお客さんが手土産を持って来た。それが、白い紙の箱でリボンで結ばれていたりでもしたら、少なくともケーキ屋で買って来たお土産ということは、子どもでもわかる。目が輝き、「あっ」と声を出し、もう家の中でもスキップを踏み、ジャンプを繰り返す。いまのロックフェスの若者のようなタテノリの喜びの表現だ。大地を踏みならすのであればいいが、当時の木造の家でやればきしむ。言葉にならない嬌声と手を挙げて踊りだし、鼻血が出そうなくらいに興奮した。

一方、渋い色の箱だったりしたら、中身はせいぜいまんじゅうだ。ときにはせんべいだったりする。そんな箱をいつもはケーキを持ってくるお客さんが持っていたら、がっかりする。和菓子がけっして嫌いなわけではないが、ケーキと比べたらそりゃ落ちる。なにしろ和菓子にはクリームがないのだ。いい子にして、「ケーキを持って来てよかった」と思ってもらおうと、挨拶の練習までしていたのにである。それは、しょうゆ味のかたいせんべいのためではない。

親は「まあ、こんなおいしいものをいただいて」と大人の会話をしている。「ほら、治彦ちゃん、こんなおいしいおせんべいをいただいたわよ、ちゃんとご挨拶して」と言われても、こちらとしては心は入らない。それを来客のオバさんも察知して、「あら、やっぱりケーキのほうがよかったかしら」と言われると、次は間違いなくケーキだろうなと思う。

帰りがけに、親に呼び出され、「ほら、お帰りになるから、ご挨拶して」などとなって「また、すぐにでもお越しくださいい」と言ったことがある。ただし、不機嫌である。客は笑った。子どもはなんでも許されるのである。

先に、白い箱はケーキ屋の箱だと子どもながらにわかっていたと書いたが、ケーキでもいろいろあるのだ。こちらが欲しいのは、ショートケーキ、モンブランといった生クリームを使ったものである。ところがお土産では、ケーキ屋の箱に入っているのに中身はスポンジケーキ、レモンケーキ、ゼリー、プリンといった生クリームなしのものでフェイントを食わされることがある。もちろん甘いし、おいしいのだが、白い生クリームのケーキの

15 12月26日のクリスマスケーキ

それとは違う。それに、プリンなら親がときどき作ってくれる。

だから、白い箱の場合には、中身が何なのか早く知りたくてたまらなかった。

生クリームのケーキを確実に手に入れられるのは、誕生日とクリスマスである。4月の僕の誕生日、7月の妹の誕生日、そして12月のクリスマスだ。そのときだけは親が確実にケーキを買ってくれた。そんな特別なときだけでなくなったのは、駅前にパンとケーキがおいしいと定評の店ができ、手ごろな価格のシュークリームを親がときどき買ってくれるようになったころで、家の経済力が増した小学校も高学年になってからである。

さて、年に3回のケーキでも、特別なのがクリスマスケーキである。このときだけは、台で買うからだ。カットケーキではなく、まあるいケーキをそのまま1台、買ってくれるのだ。親はほどんど食べないので、妹と2人で生クリームケーキを山わけした。生クリームに浸った。リプトンのティーバックで入れたレモンティーと、生クリームのケーキを往復する。それが、クリスマスである。

子どものころにキリスト教の教会に通っていたので、イエスキリストの生誕を祝う日であることは知っていたが、子どもにとってはケーキの日である。１９６０年代後半には多くの家庭でチキンの丸焼きをメインとしたごちそうとクリスマスケーキで24日のイブを祝っていた。ところがわが家は、クリスマスイブにはチキンしかなかった。

街中でクリスマスの2、3日前から赤い服を着たお姉さんやお兄さんやおじさんがクリスマスケーキを売っているのは知っていたが、親はけっして買わなかったのだ。親がクリスマスケーキを買って来るのは、25日なのである。

教会に通っていたころは、「うちはクリスチャンなので、きちんとイエス様が生まれてからケーキを買ってるんだ」と思っていたけれども、本当の理由は25日になればケーキが半額になっているからだった。24日までは、いばってケーキを売っていた人たちが、懸命にケーキを売るのが25日だ。25日の夜には、もう泣きそうな顔で、クリスマスベルを激しく鳴らしながらケーキを売る。わかりやすくいうと、競輪で最後の1週を知らせるジャンのような鳴らし方だ。半額という言葉をそうして覚えた。

きのうまでの価格にバッテンが入り、矢印の先に数字が書き込まれていて、1200円が600円と半分の値段になって「半額」と書かれていた。でも、ほとんどの人は買わない。もうクリスマスイブに食べているので、2日続けて買う人はいないのだ。しかし、わ

15 12月26日のクリスマスケーキ

が家は違う。きのうはチキンしか食べていない。こうして、半額でどでかいケーキを買ってくれる親はたいしたもんだと思った。

そして、生クリームに浸った。食べる前には、部屋の灯りを消してケーキ用の小さなろうそくを立てて吹き消した。誰の誕生日でもないのにと思ったが、イエスキリストの誕生日だったと思い出した。でもそれなら、ろうそくは4本でいいのかとも思った。キリストは4歳ではないはずだ。ケーキの上の、ホワイトチョコに書かれたメリークリスマスの札や、小さな太ったサンタのおもちゃなどをはずして食べた。鼻の先に白いクリームをつけながら、食べた。


ある年のクリスマス。26日に親がもうひとつクリスマスケーキを買って来てくれた。喜んだのだが、食べながら飽きるとはどういうことかを知った。2日続けてケーキに浸ってもおいしくなかった。むしろリプトンのレモンティーのほうがおいしく思えたほどだ。

どうも、12月25日に半額にしても売りきれなかったので、26日にさらに安くしたのだ。いわゆる投げ売り価格、捨て値価格だった。ケーキなので投げて売られてはこまるのだが、クリスマスの後に連れて行かれる上野御徒町のアメヤ横町で数の子や鮭を売るおじさんたちは本当に投げ売りをしていた。「もってけ泥棒」というフレーズを使うのを知った。持って行ったらきっと怒るし、泥棒でなくお客さんなのに、とも疑問に思ったが、売るほうも買うほうからもギリギリ感を感じたので、親によけいな質問はしなかった。

26日のクリスマスケーキを食べきれなかった理由も正確にわかった。ケーキに飽きただけでなく、生クリームではなく、バタークリームケーキだったのだ。味が違うし、ちょっと固めのクリームなのである。ただし、日持ちはする。

親は26日の投げ売りに味をしめたからか、翌年は25日にもケーキを買わなかった。半額以下の投げ売りを待ったのである。そしたら、売り切れて、クリスマスケーキを買い損なった。

「今年はクリスマスケーキはない」と親に告げられたとき、7月から待っていたケーキの日を裏切られたからか、声を出して泣いた。子どもの唯一の抗議手段。泣き続けるに出た。泣かないの、と言われたらもっと声を出して泣いて抗議をした。疲れた。

泣きやんだころ、親にボウルに入った白い粉と泡立て器を渡された。親はそこに少量の牛乳を入れた。「それをできるだけ早く、くるくるとかき混ぜなさい。そしたらホイップクリームになるからケーキを作ってあげる」。

15 12月26日のクリスマスケーキ

親がかき回す行為とその音が面白かったのだろうか、泣いていたことをもう忘れて懸命にかき回した。ボウルからシャカシャカと音がした。がんばるのだが、うまくいかない。そのうち、また疲れてしまった。親がボウルを取り、シャカシャカさせた。ときどき中を見せてくれると、だんだんとクリームっぽくなっていくのがわかった。

なめると、クリーム味だった。しばらくして、絞り袋に入れた。その先にはマヨネーズの取り出し口のようなものがついていて、目の前のカステラのようなケーキの台に絞り出すように言われた。そしたら生クリームが出てきて驚いた。

苦労はあったが、思いきり泣いただけ、手作りのケーキにはありつけた。ボウルにはクリームが山ほど残っており、指でていねいにこそって食べた。ケーキのまわりからはがすビニールのときよりも多くなめた。

おいしかったが、やっぱり買ってくるケーキのほうがいいなとも思った。翌年も、親は24日にはケーキは買ってくれなかった。僕としては気が気でなかったが、ケーキを売ってる赤い服のお姉さんたちの後ろに重ねてあるケーキの箱が山ほどあるのを見てほっとした。「どうか無事に売れ残って、半額になりますように」と心の中で祈った。

うずまき商法とペリエ

16

バーゲンやタイムサービスなどでの「値惚れ買い」に注意している。

バーゲン前の7000円もするTシャツを買うのは、心から商品が気に入ったからだ。値段が高いから、ずいぶんと買うのを躊躇する。よくよく考える。むしろ買わない理由を考える。たとえば、洋服を買うということは、いままである洋服のどれかを着なくなるということだとか、別になくてもこまらないはずだし、とか吟味を重ねる。それでも、欲しいのである。新しいお気に入りは愛用する頻度も高い。こうして100回も着たら1回は70円である。それもおしゃれで気持ちもアゲアゲに楽しむのである。

一方で、バーゲンで7000円のものが2900円。タグに残る7000円の値札にニヤリとしながら2900円で買うときは、半額以下で何か超トクした気持ちになる。買おうという結論を得るためにデザインやフォルムへのこだわりはハードルが思いきり低くなる。つまり、買った理由は商品はまあまあよくて、安さにとことん参ってしまったからだ。

16 うずまき商法とペリエ

安いことがいちばんうれしいのだから、喜びの頂点はレジで会計をするときだ。これを「哀しき値惚れ買い」という。商品にはそこそこしか惚れていないから100回も着ない。で、20回程度しか着なかったら1回145円である。

商品は買ったときに高いか安いか決まらない。使った後で決まるのだ。安く買うのではなく、安かった買物をするのが王道である。私はいろんな本でそう書いてきた。バーゲンは、実は危険なのである。

ところが、「商品にすごく惚れ込んでいる」×「バーゲンで買う」ことができたら、最強であることもこれまた事実だ。

つまり、7000円でも欲しいくらいの超お気に入りのTシャツを2900円で手に入れて、100回着たら1回29円。お気に入りのおしゃれな気持ちのアゲアゲと、それを得して買ったウキウキで、気分は「買物トランス状態」となる。でも、そんなことはあまりない。

最近、私が気をつけているのは、通販・ネット系ショッピングである。ネットショッピングでは、パソコンやスマホから金が吸い込まれる。家にいて少し酔っぱらって、ショップチャンネルを見たり、ネットのショッピングモールにアクセスするのはとても危険だ。

それでも翌朝覚えていればいいが、品物が届いてから「買ってたんだ！」と驚いてももう遅い。通常の店でのショッピングは返品が簡単だが、通販はそういうわけにはいかない。

昭和の生まれだからか、商品は店で見て買う、さわって買う、比べて買うということを徹底している。それも、可能であればスーパーよりも街の商店で買いたい。専門店で買いたい。洋服や持ちものだけでない。肉、野菜に、くだもの、酒、コメ、魚、お茶や海苔まで、お肉屋さん、八百屋さん、魚屋さんが好きなのである。

たとえディスカウント系だとしても、チェーンでなく個人でやってるところで買いたい。この流通戦争の時代に、ディスカウント店をやってはいるけれど、もともとは八百屋屋だ、酒屋だ、魚屋だと店のルーツがあって、その部門に得意だったりする。もちろん、店の年配の店員なら商品知識も深い。

それが、通販番組などはとにかく口から生まれてきたのかと、日本でも指折りの売ることのプロが商品のプレゼンをする。それを自宅で酔っぱらって、警戒感ゼロのところでやられるのである。危険極まりない。だから、ショップチャンネルも見ないし、さまざまな番組の通販コーナーからは逃げる。ただし、「通販番組に出てみませんか？」と出演依頼されたことは何回かある。断ったけれど。

16 うずまき商法とペリエ

そんなちょっと頑固な自分なのだが、最近は、ネットで買い物をすることも増えてきた。きっかけは、ペリエである。

私が長年愛飲しているペリエウォーターという炭酸水が、ネットで激安で売られていた。知った商品だから、見る必要も触ってみることも必要ない。どの大きさの缶なのかくらいをチェックするだけ。消費税込みか抜きか、送料を加えたら割高になるのではないか？　いろいろと調べた結果、買うことにした。店で買うよりも相当安く、レジに並ぶことも運ぶ必要もないのだ。

さらに、ミネラルウォーター。私は銘柄にはこだわらない。ちゃんとしたメーカーであれば、かまわない。あとは値段と送料だ。で、ミネラルウォーターもネットで買うようになった。近くのディスカウント屋で安く売っていたとしても、重いので買わなくなった。

とくにミネラルウォーターは多めに買っておく。2011年の大震災のときに、震源地からは遠い東京の街中からも水が消えた。福島原発の事故も影響しただろうが、まったく消えた。私たちは水なくしては生きていけない。小さな子どもを持っているお母さんが水がなくてこまっていることをTwitterでつぶやいていて、知り合いに家にある水を渡したら、本当に喜んでくれた。水は腐るものではないから、それ以来、水は多めに買っておくことにしてる。

いまはだいたい半年から9か月前に買った水を飲んでいる。つまり、家の在庫として向こう1年分弱くらい置いてある。ネットで安い水が売られていたら買い足す。

こんな感じで、ネットで購入するものが少しずつ増えていった。

失敗したことも山ほどある。有名メーカーのTシャツや下着、靴下が安いので買ったら、お隣の国からのパチものだった。それからは、サイトで買う場合でもメーカー直販のところでしか買わなくなった。

無名のメーカーだが、よさそうなので買った靴がある。で、届いてみるとペコペコでネットの画像と商品説明のウマさに舌を巻いた。サイズも微妙に違う。この商品を買ってしまった理由は、「売り切れる前に買わないと」という焦り感が出てしまったからだ。

ネットショッピングには、同じ商品でも、色合いやサイズでの在庫の有る無し表が載っていたりする。そこで、自分の欲しい色とサイズが残っているのに、他は売り切れマーク

16 うずまき商法とペリエ

がついていたりすると、「あ、これは人気で他の人もどんどん買っているのだ」と思ってしまうのである。

たまたまそのときに欲しくて探していた色がオレンジ系の靴で、黒やベージュといった王道系の色のところだけでなくブルーなんかも、在庫なしマークがすでについていた。「これだけ多くの人に支持されているのだから、いい商品に決まっている」と勝手に合点してしまったのである。で、買ったら、ペコペコでダサかった。

商品を見てから疑い始めた。もしかしたら、初めから王道系の色は在庫がなかったり、極少だったのかもしれない。なにせ、黒やベージュが在庫ありマークのときを見ていないのだから。やっぱり、「実際に見ないで商品を買ってはいけないな」と、そう思った。もう、よほどのことがないかぎり、何回か店で買い、自分のお気に入りになっているもの以外は買わないことにしている。

年に何回か、そう決意する。

決意をするときに限ってメールが届く。スペシャルセールのメールだ。クーポンがついていたりする。ひとつの店で6000円購入すると1000円割引というクーポンだったりする。ちょうどペリエがあと10缶くらいで、買おうと思っていたので調べてみた。

48缶で送料込み2852円だった。

「48缶も買うの?」とバカにする人がいるのはわかっている。もちろん24缶でも買える。ペリエの納得いく安値は55円だ。年に1度くらいもっと安いのを見ることもあるが、だいたい55円。ペリエは24缶がワンパッケージとして梱包されているので、1320円。それに消費税がつく。1425円。

しかし、24缶単位で売っている店は2025円くらいだ。送料を考慮しての価格なのだろう。それが、48缶なら送料サービスで2852円。827円多く払えば、もう24缶手に入るのである。だから24缶買うなんていうチョイスは、自分の選択肢にはない。それでも、「そうか、2852円なのか」と思った。

ムムム。微妙である。2852円では当然1000円引きのクーポンは使えない。

それどころか、2倍の96缶買っても5704円である。そんなら、2852円でなく3000円で売ってくれるほうがうれしい。そうであるなら、96缶で6000円でクーポンを使って5000円だからだ。ペリエを飲むのはだいたい週に2缶ほど、96缶あれば半年以上持つ。

1000円引きのクーポンは、そのネットモールであれば他の店でも使える。考えられ

16 うずまき商法とペリエ

ないと思うだろうが、私はネットで、もう少し高くペリエを売っている店を探したのである。安く売ってる店でなく、もっと高く売ってる店を探した。3000円を少し上回るような価格で売ってる店はないだろうか。理想は3001円とか。

ところが、そんな店はない。それに、最低価格はけっこう簡単に探せるのだが、ちょっといい感じに高い価格の店を探す検索機能はない。地道に探さなくてはならない。広大なモールの中で、私は微妙にちょっと高い店を探した。ああ、バカらしい。30分探したところであきらめた。

ちなみにこの送料無料ペリエは48缶単位でのサービスだ。こうして、1000円割引のクーポンを使うために、48缶でも96缶でもなく、144缶買えばいいじゃないかという結論になった。でも、何かペリエを買うというより仕入れている感じだ。週に2本飲んだとして、144缶は72週である。1年と3か月分くらいである。そのあいだにもっと安いペリエが出てきたら悔しいだろうなと思った。

それに、家のどこに144缶のペリエを置くのだろう？　ペリエの24缶のカートンが6つ。やっぱり店みたいだ。最終決済のためのリターンキーを叩けなくて、夜も遅かったのに5分間も考えた。

「ファイナルアンサー？」

それでもいいから買うことに決めた。僕はペリエが好きなのである。海外旅行に行くときにフライトアテンダントさんから「飲み物は？」と聞かれたら、シャンパンやシャブリやメルローも頼むけれど、必ずペリエを頼んでいる。スパークリングウォーターでない。ペリエといって頼むくらい好きなのだ。ペリエは腐らない。缶なら長期保存も可能だ。

よし、決めた。買う。ペリエ144缶、8556円。1000円引きで7556円だ！

「よし、ファイナルアンサー」と思ったところで、送られてきたクーポンには続きがあることに気づいた。税込み9000円をひとつの店で買うと、2000円引きクーポンがあった。あとたった444円多く買えば、2000円安くしてくれるのである。444円、なんと縁起の悪い数字であろうか！　死死死。いや止止止、と買うのをやめろと言ってるのかもしれない。繰り返しのようであるが、あと444円高くして9000円にしてくれれば、1000円引きでなく、2000円引きになるのである。

いや、6000円で1000円引きなら、9000円で1500円引きのクーポンだろう。そうであるなら、こちらの気持ちもこれほどグラグラしない。それが、6000円でなくあと3000円多く買えば、さらに1000円安くしてくれる。つまり、この追加の

16 うずまき商法とペリエ

３０００円分の買い物部分はなんと33パーセント引きなのである。

これは見逃せない、やり過ごせない。無視できない。私は、本当は24缶くらいで十分なペリエを48缶でもなく、96缶でも、１４４缶でもなく、１９２缶買おうかと真剣に考えた。96週分。もうほとんど2年分である。そうすれば、２０００円割引にしてもらえる。

なんで24缶買いたいのに、１９２缶買おうかと悩んでるのだ！　クーポンの有効期限はたったの48時間。さすがに１９２缶のペリエを考えると、頭がクラクラした。１９２缶のペリエが、僕の脳みその中でぐるぐる跳んでいた。

普通、個人がいくら安いからって、ペリエを一度に１９２缶、１万１４０８円も出して買うだろうか？　どんだけ大家族だよ。自分はひとりもんじゃねえか。心というか脳みそに残っている知性というより、良心がそう教えてくれた。

で、とりあえず買うのをやめて長い思考に入った。一度に買っていいペリエの缶の数はいくつまでか？　けっして村上春樹の小説に出てくる登場人物は考えないようなことだと思った。将棋の長考ともまったく違う。「貴重な人生の時間をペリエを何個買うべきかで悩むことに使っていいのか」と思ってバカらしくなって、結局はワインを飲んで寝た。こんなの人生相談に出したらバカにされるだろうなとも思った。

安くなるのはうれしいけれど、「買えば買うほど、お得感が増す」、この手のクーポンの仕組みは最近多い。これを「うずまき商法」と呼ぶことにしている。何か得したいと思う心が、買い物もっと買いの渦の中に巻込まれていく感じがするからだ。

翌日は出かける用事があった。きのうの酒が少し残っていたので、冷蔵庫からペリエを出して飲んだ。これで、あと残りは9缶かと思った。三軒茶屋から渋谷に向うバスの中、一人がけのイスに座わり、外をボンヤリ眺めていたら、ペリエのことを再び考えている自分がいた。

やっぱりペリエは欲しいんだよな。できれば安く買いたいんだよね。ネット通販で運んでもらってね。そして、ペリエは腐らない。すべてに心の中でうなずいた。そして、頭の中で192という数字が再びぐるぐる渦を巻いてた。

バスの入り口付近にスカートの丈の短いJKたちが大声で青春しながら、ヨーグルトドリンクを飲んでいた。

「あ、そうか！　単純じゃないか！」

私は答えを見つけたのだ。ひとつの店で一度に6000円とか9000円買えばいいだ

16 うずまき商法とペリエ

けで、全部ペリエでなくていいんだ。こんな、あたりまえのことに気がつかなかった。何かと組み合わせて微妙に6000円とか9000円を越していればいいんだ。私はニヤリとした。その瞬間JKと微妙に目が合ってしまい、私はにらみつけられた。どんな疑いをかけられたのであろうか。

私は自分の好きな飲み物を考えてメモっていた。キリンのメッツ（グレープフルーツ味）、サントリー黒烏龍茶、コカ・コーラ（ただしダイエット系でないやつ）、ミネラルウォーター2リットルで割安のもの……。

その日、家に帰ったあと再びパソコンに向った。欲しい飲み物の値段を調べて妥当なものを探すと、黒烏龍茶だけだった。それも、いつも買ってる1リットルのものでなく、350ミリリットルのもの。24個入りで税込み3343円。送料無料。いい感じである。ペリエ48缶2852円と黒烏龍茶1箱3343円で6195円。ペリエ96缶と黒烏龍は奇跡的な価格だった。9047円。クーポン利用で7047円。私はこの完璧な買物の決済をして、プレミアムビールを空けて一気に飲み干した。

こんなくだらないことに悩みながら、私の人生は暮れていく。

17 電話をめぐる父の犯罪《ぼうけん》

子どものころ、テレビで見るコントでは公衆電話の順番を待つ後ろでやきもきするってのがよくあった。前の人が長電話で使えないっていう設定だ。待っている人は最初はタバコを吸ってるだけだが、だんだんと咳払いをしたり、「ああ、急いでるんだけどな〜」とつぶやいてみたりする。電話で話している人は無視してどうでもいいようなことを延々と話す。たいていは、「好きだよ」「愛してる」みたいなこと。

そんなコントが成立したのは、僕の記憶では、公衆電話の市内通話が1回10円だったからだ。10円でいくらでも長電話ができた。昭和40年ごろの公衆電話だ。

長電話が問題になり、3分10円になった。そしたら、コントが変わった。長電話をする人は片手に10円玉を山ほど持ってそれを継ぎ足していく。10円玉を山ほど持って公衆電話を利用している人は、長電話をするという宣言をしているようなものだったのだ。地方への長距離をする人は10円で10秒しか話せなかったりするから、10円玉を次々と入れていく。話の肝心なところになって10円玉がなくなり、電話が切れそうになり、周りの人に10円玉を借りるっていうコントもあった。

17 電話をめぐる父の犯罪

家に電話が来たのは小学校4年生のころ。やっと自分の家にも電話がついたことがうれしくて、毎日何回も電話した。でも、誰にも電話する用事はない。それに通話料もかかるのを知っていた。だから、117や177といった天気予報や時報の番号、電話番号案内の104も電話した。当時は無料だったので何回もかけた。

天気予報や時報はテープの音声だったが、番号案内は対人だったから、相手のいる本当の電話だ。電話番号案内は、住所と名前を伝えることでオペレーターの人が教えてくれる。初めは隣の家の電話番号を聞いたりした。表札を見れば名前も住所もわかるからだ。子どものいたずらだと見破られないように、電話番号を教えてもらったら、「934の56○○ですね」と繰り返し、メモを取っているように演じた。

次に小学校の連絡網を使った。子どもの名前だけでなく父兄の名前もあったから、問い合わせできたのだ。電話番号を問い合わせる必要はもちろんない。連絡網には電話番号も書いてあったからだ。答えを知ってるのに電話をしたくて、電話番号をオペレーターの人に聞いた。正しい電話番号を教えてくれるので、すごいなあと思った。パソコンなんてない時代だから、部厚い電話番号張を瞬時に引いて、教えてくれるのだろうと想像してた。神業だと思った。

ときどき、小学校の連絡網と違う番号を言われることがあった。ヘンテコに思われるのが嫌なので、たいていは黙っていたが、仲のいい友だちにだけ「もしかしたら、山本君（仮名）の家の電話番号って、電話局は間違ってるかもしれないよ」と告げた。友だちは「どういうことか」と聞くので正直に言うと、小学校の電話連絡網の番号は自宅にある電話のひとつだと教えてくれた。家に電話を2回線引いていたのだ。

死ぬほど驚いた。なんで家にふたつも電話があるのか質問したけれど、友だちもよくわからなかった。家にふたつ電話があるということは、「自分の家に電話できるってこと？」と質問したら、「きっとできると思う」と答えてくれた。電話したことがあるかと聞いたら、そんなことはしたことがないと言っていた。あたりまえだ。

これらは、若い人にはわからないダイヤル式黒電話の時代の話だ。ダイヤル式が何がなんだかわからない人はネットで調べてもらいたい。

公衆電話の市内通話が3分10円の時代に、家の黒電話からの市内通話は3分7円。家の

17 電話をめぐる父の犯罪

電話は安いんだと知った。しかし、月々の基本料金がかかると誰かが教えてくれた。なんで基本料金がかかるのかは誰もわからなかったが、僕はきっと117や177、104の人件費をまかなうためだと勝手に想像した。

家の電話は3分7円で、公衆電話より安いと思っていたのだが、学級新聞の編集会議のために友だちの阿座上君の家に行ったら、21秒7円の電話があった。3分180秒を21で割ったら割り切れないが8倍くらい高い。電話がダイヤル黒電話でなくプッシュホンだった。

ダイヤル式の黒電話は、ダイヤルに指を入れて回す。ダイヤルが元の位置に戻る時間で0から9までの番号を判別する。だから、9などはものすごく時間がかかる。プッシュホンは、いまの公衆電話と同じ。押しボタン式で、9も8も「ピッ」という音とともに瞬時に判別された。カッコよかった。阿座上君は頭もよくドリブルもうまかったので、完全に負けたと思った。

やっとダイヤル式黒電話を手にしたわが家では、父親がヘンテコな電話のかけ方をしていた。ダイヤル式黒電話は、受話器を置くと電話が切れる。白い突起物が出ていて、そこに受話器を置くと突起物が押されて電話が切れる仕組みになっている。

父親はダイヤルをして呼び出し音が鳴っているあいだに、その受話器を置くところの突起物を指で何回か軽く半押しするのだ。その技術で回線はつながっていても、電話局の機械が間違って電話を切ったと判別し、運がよければタダで電話をかけられる可能性があると信じていたのだ。180秒、3分で7円しかしないのに情けなかった。友だちの阿座上君の家のプッシュホンは21秒で7円もするうえに、そんな半押し作戦をいくらやっても電話代がタダになりそうになかった。

父に、「それ、会社でもやってるの?」と聞いたら「うるさい」と言われた。「それってズルだよね?」と言ったら殴られた。二度とズルとは言わなかったけれど、半押し作戦をするたびに軽蔑の視線を投げかけた。そして、自分の家にはプッシュホンなんか永遠に来ないと思った。電話料金の請求書には詳細が載っていなかったので、父の半押し作戦がどれだけ成功しているかはわからなかった。ダイヤル式黒電話は10年以上使ったのだが、プッシュ料金がなくなり、すべて3分10円に統一されたことを知り、僕の家にもプッシュホン式電話が入った。

時代は流れ、ポケベル、PHS、携帯電話、IP電話になり、スマホとなって、いままでは通話料が無料のLINEを使っての通話もできる時代になった。3年前に格安スマホが

17 電話をめぐる父の犯罪

出てからは僕も切り替えた。いまの人はメールで連絡を取り合うのが主流で、電話をしなくなったという。自分自身もメールを多用するようになったが、それでも電話はする。電話なら相手の声からいろんなことがわかるものだ。メールではわからない。

ガラケーの携帯を格安スマホに変えた理由のひとつは、「10分までの通話は月に360回まで無料」というサービスがついていたからだ。360回もかけないので事実上10分以内で通話をしていれば無料だ。ただし、ナビダイヤルは有料。だから、0570で始まる電話は嫌いだ。それから10分までが無料なので、通販や問い合わせで待たされるとイライラする。10分を超えると、たしか20秒で10円の課金がされる。スマホには通話時間が秒単位で出るので9分30秒くらい話すと、友人や仕事の電話でもわざと切ってかけ直す。

10分以内なら無料なので合理的な判断だと思うのだが、カッコ悪いことはわかっているので、「電波が悪かったみたいだ」「ゴメンネ」と毎回、軽いウソをついている。急に明るいトーンで話すので、何か変だと感づかれていると思う。

死んだ父が「おまえも同じだな」と笑ってる感じがした。いや、これは犯罪じゃないからと、強いて言えば冒険だと心の中で言い返した。

18 年賀状の涙

東京では、新宿駅西口の小田急百貨店と大ガードをつなぐ通り沿いと新橋駅烏森口を出たニュー新橋ビル内が、いわゆる金券屋、多くのチケットショップが並ぶ二大聖地となっている。チェーン系の金券ショップは、どちらでも大きな店舗を構えている。

金券の相場はここで決まる。

金券といっても、いろいろとある。新幹線から地下鉄、JRや私鉄の乗車券。印紙。株主優待で出されたさまざまな割引券、招待券。ファストフードやファミレスの株主に送られるお食事券、ご利用券。歌舞伎や帝国劇場などの大劇場の観劇券。ロードショーの映画などの入場券。さまざまな理由でたどり着いたビール券やギフト券、商品券などが並ぶ。

週末や平日の夕刻にふらっと前を通ると、会社帰りの人がさまざまな金券を持ち込んでいるのを目にする。たとえば、お中元・お歳暮でもらった商品券やビール券などの金券を持ち込んで現金化している。

18 年賀状の涙

平日の日中に現金化で訪れる人を見ていると、あきらかに業務中の会社員風情の人がいて、大きな黒カバンから大量の金券を出して現金化している。株主割引券類だけでない。ときには会社が出張旅費で購入したであろう大量の新幹線などの回数券綴りも売却し、現金化している。切手や印紙なども同様だ。

中には領収書が出て経費として落ちる乗車券や切手などを正規に買って、それを金券屋に持ち込んで現金化する会社もあるという。バブルのときには大量のタクシー券をよく持ち込む会社があった。領収書が出ないお金を作るためだ。ウソか誠かそんな噂も出るので、金券屋さんにはちょっと独特の雰囲気がある。社会の裏と表、建前と本音が交錯している場所なのだ。

金券屋は大量の在庫が必要で、それは個人の持ち込みだけでは品薄となり、成立しない。こうした法人の大量持ち込みで、仕入れと販売のバランスを取っている。

金券屋はこれらの商品を購入して、2、3パーセントの利ざやを乗せて販売する。たとえば、全国共通百貨店のギフトカード1000円券を940円前後で購入し、970円で販売する。こうして、ギフト券を売る側は金券を現金化でき、買う側は1000円のものを970円で購入でき、金券屋は30円の利ざやを得るというわけだ。

多くの映画の前売り鑑賞券も並ぶ。といっても、超人気の洋画、たとえば『ハリーポッター』や『スターウォーズ』シリーズなどが並ぶことは少ない。スタジオジブリのアニメの前売り券も並ばない。しかし、ときにこれから公開になる映画鑑賞券が、500円から700円という格安価格で並ぶことがある。一般の入場料は1800円くらいするので、相当安い。

それらの鑑賞券の多くは束で置かれている。金券屋が50～100枚単位で仕入れたのだ。これらも企業に流れてきた鑑賞券の行き着く先だ。いまの日本映画は、多くの会社の出資で作られる。多くの会社がエンタテインメントに関わりあう。出資先には鑑賞券が流れる。また、会社の付き合いで買わされる会社もあるだろう。こうして、大量の映画鑑賞券が流通し、行き先がないチケットが金券屋にたどり着く。

しかし、足下を見られて買いたたかれる。せめて1000円くらいでもいいのにと思ったら、60歳以上のシニア割の入場料よりもぐっと下げないと売れ行きがよくないという。

新聞の拡販などに利用される美術展の鑑賞券も大量にあるのを見ると、大量にあれば拡販用のものを新聞販売店が、数枚なら購読者が現金化しようと持ち込んだと想像できる。

このように、金券ショップはときにいろんな社会の縮図を映しているのだ。

18 年賀状の涙

年末になると、大量に出回るのが年賀状である。２０１７年の年末は52円の年賀状がときに45円で売られていた。どうも、年賀状の拡販を求められた郵便局員がこまって金券屋に持ち込んでいるものもあるらしい。拡販は全国的にやられているのか、一部の局でやっているのかわからないが、そういうことがあるのはどうも事実のようだ。

たしかに年賀状の拡販は、若い郵便局員はとくにたいへんだろう。時間を使って頭を下げて、なんとか同世代の友人知人に頼もうと思っても、そもそも年賀状を出す習慣があまりないからだ。ムリをしすぎて泣きついて買ってもらっても、それは人間関係の借りになり、ときには微妙な変化も生みだしてしまう。

それなら、たとえば１０００枚を42円で金券屋に買ってもらえれば、1万円損するが自分の成績に傷はつかず、時間もかからず、頭を下げることも必要ない。ただ、ボーナスから1万円をこらえて支出すれば、すべては丸く収まるというわけだ。

金券屋の年賀状の相場は去年より下がった。持ち込む人が増えたのか、買う人が減ったのかはわからないが、45円の年賀状はきっと誰かが泣いて成立している価格なのだ。

金券屋は、かしこく家計を節約したいと思う人にとっては便利な場所である。しかし、私は金券屋で売られているものがなぜ安くなるのかを考えると、そこにある社会の縮図があること、ときには誰かが泣いて商品を流しているのだと思うと、少しせつなくなる。

そんな事情を知ったので、この5年あまり、年賀状は郵便局に勤める顔なじみから買うようにしている。この人から100枚、あの人から50枚と買う。

SNSで知り合いに呼びかけもする。おめでたい年賀状だ。郵便局の友人から直接手に入れたら、笑顔でほっとしてくれる。そんな年賀状のほうが福が来るように思える。金券屋で100枚で700円安く得して買うよりも、年の締めくくり、年の初めのこととしてふさわしいように思うのだ。2018年の年末に売られる年賀状は62円だそうだ。少し高くなる。きっと売りにくく、もっと買われないだろう。いったい金券屋ではいくらになるのだろうか？

価格以上に気になるのが、この年賀状という習慣が、これから廃れてなくなっていくのだろうかということだ。

1月1日、午前0時。年が改まると私の携帯電話にも着信を知らせる音がいくつもする。新年の挨拶をメールで知らせてくるのだ。ほとんどが一斉メールだから、誰に送る文章

18 年賀状の涙

も同じだ。もちろん、若い世代からのものが多い。

夜があけて、昼前にはポストに年賀状の束が落ちる音がする。束になった年賀状を、すぐに家に持ち帰り、コーヒーを飲みながらゆっくり眺める。こちらからも賀状を出した先からのもの、出していないところからのもの、営業用年賀状だから返事は必要のないものとに分ける。そして、出してないものに、さっそく返事を書く。

年賀状とは、本来は年始の挨拶にうかがうべき方に、横着してうかがわないことをわびる書状だという。子どものころから、年賀状を出すことで礼節を尽くしていることになると思っていたので、そう知って驚いた。言われてみれば、権力のある政治家や経営者、芸事の師匠の家に年始の挨拶に行くという人はいまでもいる。

人間関係のマナーや風習も時代とともに変化していくもの。もしも、何十人もの人が新年の挨拶に訪れることがあったら、多くの人はこまるだろう。だから、年賀状では無礼だと思う人はいまやごくわずかだろうし、それでいい。

もちろん、若い人たちのあいだでは、メールやスタンプのやり取りでも十分だと思う。それに、いまやＳＮＳなどの普及でかつてのようにご無沙汰しないですんでいる人が多いこともある。

しかし、三が日が過ぎたころに返ってくる年賀状の中に、自分よりはるかに年下の若者からもらうものに笑みがこぼれることがある。この若者には年賀状を送り送られるという風習がないのが、文面からよくわかる。全部手書きで「あけまして、おめでとうございます。今年もどうぞよろしくお願いします」とあり、それ以外の余白をどう埋めていいのかわからなく、四苦八苦した痕跡がわかったりもするからだ。

私は年賀状をやり取りする風習がとてもすがすがしく好きなので、自分より年齢の下の人でも積極的に賀状を出す。で、年上の私から年賀状をもらって、急いで賀状を買いに行き、なんとか書いて返事を出したというわけだ。その若い人の生活には年賀状を出すことは含まれていない。だけれど、年賀状を出す人から年賀状をもらったのだから、自分もそうして返そうと相手の風習やマナーに合わせて対応してくれたのだ。

一方で元日の午後に、「佐藤さん、年賀状ありがとうございました。今年もどうぞよろしくお願いします」とスタンプ付きのあけおめメールを送ってくる若者もいる。若者は自分のスタイルで対応したわけだ。

賀状を書いてくる若者と、自分流のメールですませる若者を、それでどうこう区別するわけではない。仕事のやり方が変わることなどもまったくない。

しかし、どちらに喜んだかは明白なのだ。

私たちの悩みの多くが人間関係だ。たいていは自分の想いが相手にうまく伝わらないことに起因する。

私はこう思っている。

良好な人間関係を築くひとつの方法は、相手を笑顔にし、楽しい気分にさせることだ。だから、誰かが気持ちを投げてきたときに、どうやって投げ返すかはとても重要だと思うのだ。そのとき相手の流儀に合わせるか、自分のやり方で進めるか。どちらが相手は喜ぶか、答えは明白だと思う。

もうひとつ言うと、気持ちを伝えるのには、ひと手間かけたほうがいい。だから、メールより年賀状の方がいいと思う。気持ちを伝えようと、時間と手間をかけたやり方をしたほうが、相手に気持ちが伝わると思うからだ。

酒が注がれるときに目をつむることにした理由《わけ》

19

「あそこの居酒屋は、ジョッキグラスをカチンカチンに冷やしてビールを出すんだよ」

「いやあ、夜8時までは中ジョッキが350円。いくら新橋でも安いじゃないか、きっと発泡酒なんだろうと思ったら、ちゃんとビールだったからね、通っちゃってる」

酒飲みそれぞれが持っているこだわりやうんちくは、山ほどある。めっぽう酒の種類にくわしいハードボイルドの小説に出てくる男たち、銀幕のスターたちの飲みっぷりもさすがだ。シングルモルトだ、やれ5大シャトーだとか、バカラからリーデルまで、グラスにもこだわる。なんでも、味が変わるそうだ。

確かに、ロックで飲むときは水道水で作った家の氷と、氷屋さんの氷を大きくくだいたものでは、氷が溶けるスピードが変わる。それで味も変わるだろう。高級赤ワインの香りを楽しむためにグラスにこだわるのもわかる。

しかし、多くの人が口には出さないものの、実はもっとこだわっているものがあるはず

19 酒が注がれるときに目をつむることにした理由

だ。それは、飲み代だ。つまり、価格。

ときおり、安い立ち飲みの居酒屋で、もう1時間は飲んでいるだろうという赤ら顔のオヤジが、運ばれてきた生ビールのジョッキを見て叱言を言う。

「なあ、ちょっと、このさ、これ、ちょっと泡多くないか？」

泡が多いのが不満なのではない。「泡が多いぶん、ビールそのものが少ないんではないの？」と文句を言ってるのだ。しかし、「ビールが少なくないか？」とは言わない。酔っぱらっていても言わない。泡が多いとクレームをつけるのだ。私はこういうオヤジを見るのは大好きだ。ただし、関わりたくないので、視線は向けない。運んでくるのが若くてカワイイ女の子でなく、新人の若い男だったりすると、なんくせをつける傾向は高まる。

この文章を読んでくれている人は、自分のことではないと思っている人も多いだろうが、それは、飲み放題や何人かでの割り勘飲み、もしくは、勘定は自分で払わないゴチ飲みだから、そう思うのである。

飲み放題なら、もう1杯頼めばいいし、割り勘だったり、勘定は自分で払うのでなければ、自分の懐は痛まない。飲み放題の客で、運ばれてきた生ビールの泡が多いとクレームをつけてるのを見たことはない。仲間内で飲みに来ている場合も同様。割り勘だからだ。

ただし、ときおり数人で来ていて、ケチをつける人もいる。長酒をしているとわかるが、勘定を持つ人が圧倒的だ。

なんて細かいんだと思っていた。ちょっとそう思っても、口に出すことはしない。セコく見られるのが嫌だからだ。ただし、自分の「肉じゃが」がちょっと他の人より少なめに見えたことは何回もある。それが、先日、いつも行く居酒屋で気持ちよく酔いがまわったころに叱言を言ってしまった。

いつも頼んでいるハイボールが、きょうはなぜか薄く感じた。「あれ、これいつものと違う？」と遠回しに言った。きょうは新人の女の子が作ったのだ。あとで、前からいるバイトの青年がニヤニヤしながら寄ってきて、私の注文のハイボールには心持ちウィスキーを多めに入れてくれているのだといわれた。

しかし、この心持ちで味は変わる。なにしろハイボールのグラスを見てもらえばわかるが、グラスの中身は7割以上が氷である。500ミリリットル入るグラスであっても、実際の飲み物の量は200ミリリットルくらいである。そこに、ウィスキーを50ミリリットル入れるのか、60ミリリットル入れるのかで味はだいぶ変わる。あたりまえである。

その店のバイトの人たちには、私が夜10時をまわったころまで飲んでいるときにはよく

1杯おごる。勤務中に飲むことはできないが、客からのおごりで店の売り上げに貢献できるとなれば、それくらい飲むことは許されているのだ。

19

酒が注がれるときに目をつむることにした理由

だいたい、日本では酒のグラスに、なんであれほど氷をたくさん入れるのだろうか？海外なら、リゾートのプールサイドのバーでピンクやブルーのカクテルのような、それも、何かフルーツてんこ盛り系や、おもちゃのパラソルが立っていそうなカクテルのときにしか、あんなに氷は入れない。

欧米のバーでジントニックを頼むと、ジンとトニックウォーターを別々にくれる。氷も分けてくれるところも少なくない。好きな味を自分で作れというのだ。

日本はグラスがほとんど氷で埋まる。酒場だけでない。ファストフードでドリンクを頼んでも、ホットコーヒーなど一部の例外を除いて氷ばかりで、飲み物を頼んでいるのか氷を注文しているのかわからない感じがする。一度、わざと「氷なしでお願いできますか？」と言ったら、紙コップの半分くらいのドリンクを渡された。

Mサイズを頼んでいるのに、これじゃSサイズだと思ったりしたが、ドリンクの量本位で考えたら、この注文でいいのだと自分に言い聞かせた。ちょっと複雑な気持ちはしたが、得しているはずだと考えた。ただ、そんな注文はそれ一度きりだ。そして、やはり夏は氷で冷えているほうがおいしい。

最初に書いたビールのこと。欧米であれば、ビールのグラスには、きちんとメモリがついている。0・33リットルとか、0・5リットルと書いてあり、そこまではきちんと泡でないビールが入る。日本ではそんなグラスはほとんど見たことがない。

そんな細かなところはこだわらないと言う人もいるだろうが、さて、実際はどうだろうか？　なぜ私がそう思うかというと、そこそこみなさん細かいはずだと思うからだ。スーパーマーケットで、たとえば、玉ねぎやジャガイモ1個50円、長ネギ1本100円と売られるとき、多くの人が玉ねぎを丹念に選ぶ。少しでも大きくてよさげなものを選ぶ努力を惜しまない。それに、けっこうな時間をかける。

そんなに比べる価値はあるのかと思って、同じ日に玉ねぎを4つ、袋に入れて買ってきた。で、家で計量してみた。最大のもの347グラム、最小のもの280グラムだった。けっこう違うのだ。自分の手で触って選んでいるときには、それほど大きさが違うと思わなかったのだが、そこそこ差はある。

19 酒が注がれるときに目をつむることにした理由

でも考えてみたら、球体の体積の公式は半径掛ける3乗に円周率と3分の4を掛けたものだ。この3乗というのが、少しの差でも効いてくるポイントなのだろうと思う。

ちなみに、いちごも同じとちおとめを同時に3パック、買ってみた。その重量は292グラム、272グラム、268グラムだった。これが欧米なら、多くの場合がグラム単位で売る。バナナもイチゴもジャガイモも、魚も重さで売る。

日本でもできるはずなのである。たとえばスーパーの肉売場は、100グラム単位の重さで売られる。だから、客はパックの中の肉質を選んで買えばいい。お肉屋さんなら、「その前のほうの赤身の多い部分をください」と言えば、そこをくれる。ステーキ用の肉ですでに切ってあるものも、重さで価格は決まる。ああ、やっぱり細かいね。しょうがないな、貧乏性なのだ。

スーパーではしかたないとしても、酒場でケチな野郎だと思われるのは嫌だ。しかし、酒場は人間の本性が赤裸々に出るところだと思っているので、細かいところにいちいち気をもんでるなんて思われたくない。とくに、ちょこっとよさげな店に行くときは、本性が出ないように、酔っぱらう前までは細心の注意を払う。

いちばんこまるのは日本酒だ。とくに升にグラスを入れて持ってきて、一升瓶から目の前で注がれるあれが苦手だ。あふれるまで注いでくれ、どこまでも注いでくれと思ってしまう。そういういやしい目で酒を見ているに決まっている。そんな自分が恥ずかしい。

つい数か月前も、大きな一升瓶から至福の液体が注がれるのを、私は、店の人が一升瓶を上にするまで、つまり、グラスから液体があふれ、升に注がれているあいだ、私は息を止めて見守っていたのである。そして、心の底で強く、いや懇願するように「もっと、もっと」と言っていた。飲み屋の人はそういう人間性を一瞬にして見抜く。きっと、いやしい酒飲みの本性をさらしたなと思ったはずだ。

ときおり、表面張力が許す範囲ぎりぎりまで注いでくれる人がいる。それだけで、「この人はいい人だ」と思ってしまう。ああ、私はいやしい。いやしい酒飲みだ。そんな自分が嫌になり、最近は注いでいるあいだは目をつむることにしている。

いやしさはきっと目にあらわれていると思うからだ。それであれば、目をつむるしかない。目をつむってやや下を向く。しかし、目をつむりながらも、今度は祈っていることに気がついた。

20 哀しいワルツ

北欧フィンランドの作曲家・シベリウスは「フィンランディア」で有名だが、彼が作曲した6分ほどの短い曲に「悲しいワルツ」がある。ほとんど弦楽器だけで演奏される、美しくも哀しげな名曲だ。

哀しいメロディで始まるものの、希望と明るさにあふれた華やかなメロディが突如として現われ、楽しい3拍子のワルツとなる。まるで雨雲で覆われた空にできた雲の少しの割れ目から、明るい光が差し込むようだ。ところが、その明るいダンスもいつか哀しさが覆ってしまう。哀しみのメロディは曲全体を染め上げようとするが、明るいメロディはそれにあらがう。しかし、もろくも崩れ去りあっけない幕切れとなる。

山中君（仮名）が僕の前に現われたのは2016年の年末だった。

僕が16年つとめたラジオコラムのような朝のミニ番組が、人気のさなかに中止に追い込まれた。それを惜しんでくれる多くのラジオリスナーの人とFacebookで小さなコミュニティを作った。メインは勉強会をすること。生活や家計に役立つ最新の経済やマネーに関する情報や仕組みを、どううまく利用すればいいのかのノウハウをお話しする。

放送ではときにスポンサーなどへの配慮が必要で話しにくいこと、遠回しに表現しなくちゃいけないことも、わかりやすくストレートに話せる。特定の会社や商品名もどんどん出して話す。また、要望があれば個々のさまざまな相談にも乗る。そんな会が続いている。

勉強会だけでなく、ハイキングやクラシック音楽から落語までの鑑賞会、迎賓館の見学などもした。サッカー観戦や写真撮影を楽しむこともある。そして、集まりのあとにはみんなで集まって飲む。会社や地域やら、いや家族・親戚も含めて、それぞれの生活に根ざした日常と完全に切り離された世界で人とのつながりを持つことは、とてもいいことだと思う。楽しそうなのは、宴席でのみんなの顔を見ていればよくわかる。

年末は当然、忘年会だ。毎年40人くらいは参加する。

毎年同じところで開催するのも芸がないと、2016年は屋形船を借り切った。山中君は、その勉強会の参加者で学習塾講師をする若い丸山君（仮名）と一緒にやって来た。丸山君もその先輩である果物屋の加藤君の後輩で、そのつながりで参加していた。で、丸山

20 哀しいワルツ

君が忘年会に「幼なじみと3人で参加したい」と連絡してきた。この会の居心地がいいのか、自分の世界の人を誘う人もいる。その日も、いろんな人がいろんな友人知人を連れて来ていた。

家族全員で参加した人もいる。定年退職になりました。子どもが生まれて半年になったので思いきって連れてきました。難関大学に入りました。新しい部署はたいへんだけど、がんばってます。県のマラソン大会に参加して完走しました。彼女と一緒に過ごし始めました。1年を振り返っての30秒報告会。山ほどの笑顔、拍手。うまくいかなかった人は来年への希望を語ってくれる。もっと大きな拍手。貸し切りなので無礼講。レインボーブリッジやお台場の夜景。赤く輝く東京タワーなどを眺めながら、みんなで大騒ぎしながら、この1年をそれぞれ過ごしてここに集まれたことを喜んだ。

丸山君たち3人も屈託なく話し、楽しそうにスマホで写真に収まっていた。小学生時代からともに遊び、高校まで同じ学校に通い、お互いのいろんな事情を知っている友人だ。塾講師の丸山君は170センチくらいで小太り、中山君は身長が165センチくらいの細身。もうひとりの青年、戸川君（仮名）は営業職で180センチの長身。

3人とも、東大出の超エリートとか、この世の頂点を取ってやろうとするようなタイプではないが、ああいう友人を人生で得たのであれば、きっと幸せなんだろうと思った。それは、テレビドラマや小説にある主人公と脇役の関係でない、トライアングルで少しでこぼこだけれど、正三角形のような関係のように思えた。

忘年会が終わってほとんどの人が帰路についたが、「もう少し飲みたい」という人もいるので、主催者として二次会も参加する。その3人もやってきた。1982年生まれというから34歳だった。そこで、3人のうち山中君だけが結婚歴があり、求職中というより休職中だと知った。山中君は大学卒業後、メーカーの営業職として働いたあと、学生時代からの彼女と結婚した。結婚相手の家庭は、地方で社会福祉の会社を経営していた。

山中君は、その会社の経営を将来は託される婿となった。福祉関係の仕事で介護や手助けの必要な人たちを助けたいと勉強もし、仕事をがんばった。本人はそのときのことを僕に多くは語らなかったが、こまっている人を助けることに興味はあったし、情熱ももてたが、経営にはあまり興味がなかったようだ。それが、妻の家族との溝を作っていってしまう。

もうひとつは、都会に置いてきた親だ。年を重ね、弱くなった。母親は病気になり、手

20 哀しいワルツ

術も受けた。愛情をかけて育てたからか、地方に行ってしまった息子をしきりに頼るようになる。そのため、山中君は飛行機で母親の元にたびたび戻るようになった。それも何日も。妻とその家族との溝は修復ができないほど大きくなり、最終的に離婚に追い込まれ、ふるさとに戻った。9年ほどの結婚生活だった。

無職となり離婚までしてそばにいてくれる息子を、母親は叱責するようになる。山中君は自分の無力を嘆いていた。妻やその家族を恨むこともなく、母親のことも心配していた。いまは失業手当で暮らしているという。そんな話を、初対面の僕に山ほどしてくれた。僕は黙って聞いていた。終電近くまで聞いた。いまでもあのときの山中君の表情を覚えている。ときおり笑顔を見せるし、口もきいてくれるのだけれど、深い絶望を感じているのは間違いなかった。

「僕はどうしたらいいんでしょうか？　いまはお金が支給されているけれど、それも終わりが近づいているし」

いまは仕事にもつかず、人に会うこともしたくなく、ひとりで家にいることが多いという。ただ、可能であれば福祉の仕事をまたやりたいとも言った。丸山君と戸川君は、そんな友人を心配して、忘年会に連れ出したのだった。「しがらみのない世界だから行ってみよう」と。

僕は言った。

「君は大丈夫だよ、心配ないよ」

思わぬポジティブな発言に、山中君は少し驚いたようだった。

「あのね、疲れているときは休んだほうがいいよ。山中君は自分の状況がきちんとわかっているじゃない、疲れてると。それがいいんだよ。把握できてる。そんなたいへんなときに無理して立ち上がろうとしても、しかたないよ。身体も気持ちも疲れているときに、無理して何かしようとすると正しい判断が下せなくて、かえって状況を悪化させることもあるからね。ただ、気をつけたいのは、それに浸ってしまわないようにすることだよね」

福祉を目指す人は、人助けをしたい、こまっている人の役に立ちたい、その人たちの笑顔を見たいと思って志す。それで、そこそこ食えればいい。福祉で大金持ちになりたい、と思っている人は現場の人間に多くいるとは思えない。山中君もそのひとりだった。

「弱った自分の母親ことも何とかできないなんて情けない」と、思っていたのだろう。気になったので「機会があれば、勉強会にも顔を見せてほしい」と言った。

20 哀しいワルツ

3人の幼なじみはそのとおりにしてくれた。冬に開いた勉強会と春の花見にも顔を出した。山中君は、勉強会の僕の話を黙って聞いていた。個人的に話したかったのかもしれないが、僕はそれに気がつかなかった。

夏が近づいて、僕は勉強会に参加してくれる人に毎年恒例のお誘いをした。「何か個人的に相談がある人は連絡してください」と、Facebookで呼びかけた。そうしたら、山中君が相談したいと連絡してきた。資産運用について相談したいというので、「簡単にメモにしておいてほしい」と頼んだ。そして、丸山君に「山中君は弱ってるのだから、同席してほしい」と頼んだ。そして、ちょうど二人の住まいのそばで仕事があるから、その仕事のあとで時間をとって会うことにした。

6月の週末。朝4時に起床し、5時に家を出て10時30分まで放送の仕事をして、午前11時に2人と落ち合って喫茶店で腰をおろした。戸川君は仕事で来られなかった。山中君は、いろいろの資産運用、そして、相談に乗るのに必要な情報を書いたメモを見せてくれた。きちんと書いてあった。でも、メモよりも山中君がいまだに深い絶望の中に浸ったままでいることはあきらかだった。

メモを見ながら、山中君と丸山君の話を聞いた。それほど経済的にこまる環境にあるわけでもなさそうだ。ただ、家族が壊れていた。親も妹も、誰かにすがらないと生きていけない状況だった。山中君自身が弱っているのに、家族はそれをケアできない。むしろ頼りたい。そして、山中君を責めた。僕はそれが母親の愛情だとわかる。

年老いて身体も心も不安定となり、強かった夫も弱る。家族のために一生懸命生きた妻は、外部に多くのつながりを持てているわけでない。だから、すべては家族に向かう。これだけ愛情を注いで育てたのだから、こまったときに面倒をみてもらうのがあたりまえと思ってしまうのだろうか。

いまある自分の家庭を大切にする、弱った親を大切にする。どちらかひとつでも全精力が必要だ。それをふたつもできるわけがない。だから、どんな判断をしても、そこには悲しみがまとわりつく。

結婚生活をあきらめ、戻った家庭は山中君にさらなる負荷をかけた。家を出て、小さなアパートを借りてひとり暮らしをしているようだった。ますますこもりがちになって、世間との絆がどんどん弱くなっているようだ。2人の友人はときおり様子を見に行っていたこともわかった。

20 哀しいワルツ

山中君が、資産運用の相談に来たのではないことはよくわかった。だから、僕はそのメモとはまったく違うことを言った。

「資産運用なんかどうでもいいよ。そんなことなんか、いまの君には小さなことだ。僕は山中君が、こまってる人のために何かをしたいと思ってることを知ってるよ。忘年会のときもそう言っていたね。だけど、それをするためには自分自身が変わらなくちゃいけないんだよね。君もそう思ってるんだろう？」

34歳の青年が、僕の言ってることが心から出ているものか見極めようと、するどい視線で見ていた。

「そのためにも、人とつながりを断たないようにしよう。少しでいいから定期的に外に出る工夫をしよう。福祉の現場でボランティアをするのでもいいし、果物屋の加藤さん、ときおり朝市や出張販売なんかで人手が足りないらしいよ。どうだろう。週に一度でいいから手伝ってみたら……。どう、できる？」

うなずいてくれた。

「それができたら、また相談に乗るよ、きょうの放送の仕事、ときどきは呼んでくれるっていうから、また近くに来ると思う。そのときは、できるだけ会おう」

山中君は、ほほえんでうなずいてくれた。本当にうれしそうだったので、手を差し出して握手をした。人のためにがんばろうとして、ここまで傷ついた青年がこんなおじさんに会いたいと言ってくれているわけで、僕としてはとてもうれしかった。実はハグしたくなったくらいだ。ただ、本人が自ら立ち上がろうと強くなろうとしてくれなくちゃこまるので、ハグはやりすぎだなと握手にした。

不幸なことに、その放送局での次の仕事が来なかった。山中君と会わないまま年末になった。２０１７年の忘年会に果物屋の加藤君と、その後輩である丸山君は参加したが、あとの2人は来なかった。僕は加藤君と丸山君に聞いた。

「山中君、どう、元気にやってる？」

加藤君が顔色を変えた。

話によると、山中君は僕の言ったとおり一歩踏み出そうとしていた。加藤君の果物屋で手伝いもしたらしい。ところが、10月に自死してしまったという。

僕はもっと気にかけて声をかけなかった自分を悔いた。声をかけてもどうしようもなかったかもしれないけれど、心から悔いた。

20 哀しいワルツ

いや、いまも悔いている。半年のあいだにたった4回しか会ったことのない青年だったが、その記憶は薄れることがない。

やさしい青年だった。世間は、この山中君という35歳で自ら去った青年のことを知らない。そして、まわりの人からも忘れ去られるだろう。でも、それがとても哀しくて、僕は自分の本に収めることにした。

山中君、丸山君、戸川君のでこぼこの正三角形の友情はまだ続いているように思える。ただ、夜空に浮かぶ星座に雲がかかってしまい、ときおり欠けるように星のひとつが見えなくなってしまった。そんな感じだ。まるで哀しいワルツのように。果物屋の加藤君も、そんな後輩の友情をお月さまのように夜空で哀しげに見守っている。

シベリウスの「悲しいワルツ」は、ときおりふと僕の心の中でメロディを奏で始める。演奏会やCDで聞いた回数よりも、心の中で自然と聞こえてきた回数のほうが多い。僕の心をとらえてしまった曲である。

あとがきとお礼

この本はこれでおしまいです。僕はいままで本を30冊以上書かせてもらっていました。ほとんど経済、お金に関わる本ですが、２００１年に作家の島田雅彦さんと『アジア自由旅行』という旅の本を共著で出したことがあります。いつかまた旅の本を出したいなあと思ってましたが、それっきりでした。

その後は、お金と経済の本ばかりが続きました。僕は、お金は大切だし、経済の仕組みを知ることもこの世を生きていくのに重要だと思っていますが、本を出すならもっと自由に自分の思っていることを書ければいいなあと思ってました。

２０１２年に今回の本の編集者であり担当者である小村琢磨さんと、旅の本を出しました。11年ぶりです。それがとてもよく売れた。次に小村さんとお金の本を書いた。それも、よく売れました。そしたら、小村さんが「お金と絡めたエッセイ本を書いてみませんか？」と誘ってくれた。ものすごくうれしかったです。僕の好みからいうと、経済評論家も悪くありませんがエッセイストのほうが断然です。

読んでいただいたらわかるように、9割くらいは小村さんの言われたとおりにお金と絡めた文章を書かせてもらったのですが、ちょこっとだけ少し離れた文章を書かせてもらった。離れた文章だったかもしれないけれど、大きくいうと、お金のことを意識しています。

もっときちんとお話しすると、これは銀行員時代の20代から思ってるのですけれど、お金ってのは、その人のいろんなことを映す鏡みたいなものだと思ってます。そこにホンネと建前がいろんな感情とともに交差していく。政府から発表される経済統計や為替や株式などの金融市場の数字だけでなく、生活と密着した毎日にあふれるお金にまつわる諸々のことは、お金が現代人にとって、生きていくのに切実な、でもやっかいなものだからこそ、そこに愉快な人間そのものが見えてくる。お金を座標軸に置くと、いろんなことが見えてくるような気がするんです。

実は小村さんだけでなく他からもエッセイを書きませんか？　って誘ってもらってます。また、このごろ出しているお金にまつわるいろんな著作も、そこには経済やお金に関する情報や考え方も書いているけれど、「読んでいて文章が面白い」って言ってもらえることも増えてきました。経済のことなどは、多くの人にとって楽しい愉快なことでなく、しかたなく知ろうとすることだから、楽しく面白く読めるほうがいいですよね。で、正直、僕にとっては経済のことも、旅行のことも、そして今回のようにエッセイであったとしても、書くことにあまり境界線はありません。

ああ、本当に最後になりました。本当にここまでお付き合いいただきありがとうございました。できれば、ネットやSNSを通して、もしくは、方丈社に感想を手紙にして送ってもらえるととてもうれしいです。最後に謝辞でしめます。まずは、小村琢磨さん、そしてデザインの文平銀座の寄藤文平さん、北谷彩夏さん、方丈社の経理や事務、営業のみなさん。印刷所の職人さんや運送のドライバーの人、書店のみなさん、そして、何よりもこの本を選んで買ってくださり、こうして最後まで読んでくださった読者のみなさんに、心からお礼を申し上げます。ありがとうございました。

二〇一八年　初夏

佐藤治彦

佐藤治彦（さとう・はるひこ）
経済評論家

東京生まれ。慶応義塾大学商学部卒業。東京大学社会情報研究所教育部修了。JPモルガン、チェースマンハッタン銀行を経て、金融誌記者、国連難民高等弁務官本部での国連ボランティアなどを経て独立。経営コンサルタント、放送作家などを経て現職。主な著作に『年収300万～700万円　普通の人が老後まで安心して暮らすためのお金の話』『年収300万～700万円　普通の人がケチらず貯まるお金の話』『本当にお値打ちな海外パックツアーの選び方・楽しみ方』（以上、扶桑社）、『若いサラリーマンが知っておきたいお金の教科書』（大和書房）、『ええじゃないか！』（オーエス出版　テリー伊藤氏との共著）、『アジア自由旅行』（小学館　島田雅彦氏との共著）など。

お金《かね》が増《ふ》える不思議《ふしぎ》なお金《かね》の話《はなし》
ケチらないで暮らすと、なぜか豊かになる20のこと

2018年5月31日　第1刷第1版発行

著　者　佐藤治彦《さとうはるひこ》
装　丁　寄藤文平（文平銀座）+北谷彩夏
発行人　宮下研一
発行所　株式会社方丈社
〒101-0051
東京都千代田区神田神保町1-32 星野ビル2階
tel.03-3518-2272 ／ fax.03-3518-2273
ホームページ http://hojosha.co.jp
印刷所　中央精版印刷株式会社

 ISBN978-4-908925-30-6